特別支援教育サポートBOOKS

感覚統合
の視点を生かした
学習遊び

国語・算数・日常生活
の指導につながる 活動アイデア

佐藤 和美 著

明治図書

はじめに

　子ども達の教育に携わらせていただくようになってから，40年を優に超えてしまいました。そのうちの大半が，苦手さのある子ども達との楽しい時間の共有でした。

　その間，子ども達の笑顔が見たくて様々な分野の勉強をしました。その中でも，「感覚統合」の考え方は新鮮で，辛い思いをしている子ども達を救うことに役立つと思い，私なりに実践してきました。実践を重ねれば重ねるほど，子ども達の感覚レベルでのつまずきが見えてきて，どうすればいいか分からなくなることもありました。そんな時は書籍に目を通し，たくさんの作業療法士の先生方から教えてもらいながらやってきました。今までやってこれたのは，子ども達が見せてくれる笑顔のおかげです。

　そして，今，児童発達支援事業と放課後等デイサービス事業を立ち上げ，個別の療育を行っています。1歳から18歳までのお子さんと接している中で，「子ども達の発達には感覚の統合が必要だ。子ども達を発達の根っこから育てていきたい」との思いが，さらに強くなっています。と同時に，学校でもっと感覚統合の視点を取り入れていただけないものかとの願いもあります。学校現場は多忙です。実態が違う子ども達一人ひとりに合わせた指導をしていくことは大変なことです。

　そこで，多忙な学校現場でもできそうなもの，準備なしでできるものや，教材を1つ作っておけばいろいろな活動に応用できるものをご紹介しようと思います。朝の会や自立活動，授業などで取り組める活動を挙げています。

　特別支援学級での取り組みを想定していますが，通級指導教室やご家庭で取り組めるものも多くあります。

　ご紹介した感覚統合遊びを楽しんでいただけたら幸いです。

著者　佐藤　和美

Contents

算　数

第3章　日常生活の指導につながる感覚統合遊び

身辺処理

手の動き

口の動き

目や体の動き

体の動き

第1章

特別支援学級で感覚統合遊びを始めよう

感覚統合の授業への取り入れ方

1 学習効果を上げるために…朝の会，授業の合間，休み時間などに

　学習効果を上げるためには，頭が興奮しすぎず，ぼんやりしすぎず，適切なレベルでの脳の目覚めが必要だと言われています。頭がぼんやりした状態では集中力も下がります。そのような時には，たくさん漢字練習をしても覚えられない，文章を読んでも内容が分からないなどといったことになります。覚醒（脳の目覚めの状態）と集中は密接な関係を持っているので，覚醒が低いと集中力も下がって学習効率が悪くなります。

　朝からぼんやりしている子どもがいたら，朝の会で体を動かしてみましょう。脳にエンジンをかけて，アイドリング状態にします。いつでも学習に取り組める頭の状態にするのです。また，学習中でも集中力が切れているなと感じたら，合間に体を動かして気分転換をしてみましょう。再び，集中力が上がる子が多いです。さらに，授業でも動きを取り入れた操作活動などをすると，覚醒作用に働きかけるので集中力も上がります。操作活動で意欲も高まります。

2 自立活動で取り組むために…自立活動の時間，授業，生活全般で

　学習指導要領の改訂に伴い，特別支援学級でも自立活動を取り入れることが明確化されました。自立活動は特別に時間を設定したり，各教科等の時間において指導したりすることになっています。そこで，本書では，自立活動の時間だけでなく，教科学習の時間にも自立活動の内容が合わせて指導できるようにしています。

　特別支援学校学習指導要領「自立活動編」には，自立活動の指導内容を6区分27項目に分けて示してあります。それを受けて本書でも，各活動が自立活動のどの区分のどの項目に関連するのかを示しています。例えば，第2章6；「いくつ持てるかな？」では【関連する自立活動の内容；4-(2)，5-(3)(5)】と記しています。これは，この活動が，自立活動編の4区分；「環境の把握」のうち，2項目；「感覚や認知の特性についての理解と対応」，さらに

5区分：「身体の動き」のうち，３項目：「日常生活に必要な基本動作」，５項目：「作業に必要な動作と円滑な遂行」に関連した内容であることを示しています。子どもの実態に合わせて指導目標を立てるので，取り扱う自立活動の目標やその内容も変わります。ここで示しているものは一応の目安です。

3　障がいの軽減のために…授業，自立活動，生活全般で

　活動の説明に，感覚統合の視点から見た活動の意味や期待できる効果を書いています。どの活動がどのように効果的なのかをお読みいただきながら，子どもの苦手さに応じて活動を選んだり，工夫を加えたりしていただきたいです。ただ体に刺激を入れるだけでなく，必要な刺激（例えば姿勢の保持が難しい子にはバランス力や筋緊張を高めるような）が入るような活動を考えたいです。感覚統合は楽しい活動の時により促進されます。先生には指導目標があるけれど，子どもにとっては楽しい遊びだと捉えられたら最高です。

4　健やかな成長のために…生活全般で

　学校では，GIGA スクール構想により「１人１台の端末」が持てるようになりました。端末は子ども達の興味を引き，知識を広げ，学習内容の理解を深めることに役立っています。これからの時代を生き抜くためには，ICT は必要不可欠です。ただ，現代の子ども達は生まれた時からテレビ，スマホ，パソコン，ゲーム機など視覚刺激があふれた中にいます。子ども達を取り巻く環境も急激に変わりました。遊び場が減り，外に出ることも否応なく規制されることもあります。子ども達は家の中でゲームに興じ，YouTube やテレビ視聴にはまっています。たくさんの感覚情報を取り入れるべき時期に，視覚と聴覚を主とした感覚情報の収集になってしまいます。偏りのある大人が増えていくのではないかと，老婆心ながら心配しているところです。

　このような時代だからこそ，特別支援学級ではいろいろなものに触れ，操作し，体を使った遊びをたくさん経験しながら，発達の根っこから育ててほしいと願います。

特別支援学級に感覚統合の視点を取り入れる理由

1 感覚統合がうまくいっていない子ども達

特別支援学級に在籍する子の中には，感覚統合がうまくいっていない子が多く見られます。能力に偏りがあって読み書きなどの学習が苦手，朝からぼんやりしている，集中が長続きしない，椅子に座っていても体がくにゃくにゃしていて，足が椅子に上がってしまうことさえある，いつも手遊びをしていたり体をモゾモゾと動かしたりしている，感覚刺激に対して過敏に反応しすぎたり鈍すぎたりして日常生活で苦労している，協調運動が難しく体育が苦手，不器用で生活動作や学習用具の操作に苦労している…。

このような子ども達に「がんばれ，がんばれ！」と励ましたり，「ちゃんとしなさい！」と厳しく言ったりしてもうまくいかないこともあります。子どもが持っている能力を最大限に発揮しながら，能力に見合った学力をつけるところが特別支援学級です。だからと言って，読み書きが苦手な子にドリル学習のような反復練習を繰り返し行えばよいというものでもありません。

感覚統合理論を作ったエアーズ博士は読み書きの発達を明らかにし，その苦手さの背景に感覚統合のつまずきがあることを教えてくれました。感覚統合理論は，子ども達が困っている学習や行動の見方やその背景を知る上で多くの示唆を与えてくれます。

2 子ども達にあらわれる苦手さ

子ども達が困っていることに，例えば，文字の読み書きがあります。文字は見て覚えるだけでなく，手などの体の動きを通しても覚えています。ですから，子ども達は書いて練習することによって文字を覚えるのです。しかし，手の動きを感じにくい子は，鉛筆で文字を書くような細かい動きを正しく捉えにくい場合があります。そのような子には体の動きや手の機能を高めつつ，マーカーなどの太いもので大きく文字を書かせるようにします。そうやって手の動きを感じやすいようにすると，文字を覚えやすいこともあります。

感覚統合のつまずきは，何も読み書きの苦手さに限ったことではありません。前述したような子ども達の苦手さの背景としても挙げられます。集中が長続きしなかったり，ぼんやりしていたり，常に体をモゾモゾさせていたりする子は，動いたことを感じ取りにくいことがあります。たくさん動かないと動いたと感じることができないのです。このような子は，少し楽しいことがあるとすぐ興奮するのに，席にじっと座っているとボーッとなってしまうこともあります。体は起きているにもかかわらず頭が眠ってしまうのでしょう。覚醒（脳の目覚めの状態）の調整がうまくできないのだと思われます。いつも体を動かしている子は，頭をすっきりさせて集中力を上げるために動いているのかもしれません。このような子ども達には，操作活動や動きを取り入れた授業をする，授業の合間に少し動きを取り入れて気分転換をするなどで，頭がすっきりして学習に集中できることがあります。

　姿勢が崩れやすい子の中には，フニャフニャした感じの筋肉で筋緊張が低い場合があります。姿勢の保持ができるようになるためには，筋緊張を高め，体の奥にある筋肉を活動させたり，バランス能力を高めたりすることが大切です。このような子ども達には，例えば，朝の会では片足立ちでじゃんけん遊びをする，自立活動の時間には四つ這いやクマ歩きなどの動物の姿勢でじゃんけん遊びをするなどをやってみてください。楽しみながら，姿勢を保持するための筋肉に働きかけるだけでなく，頭もすっきりするでしょう。

　困っている子が多い特別支援学級だからこそ，感覚統合の視点が必要ではないでしょうか。準備もいらず簡単にできるじゃんけんゲームでも，工夫次第で，子どもの障がいを軽減する活動に成り得ます。

3　苦手さを軽減し発達を促すために…

　感覚統合の視点を入れた支援や授業は，子ども達も先生方も楽にし，子ども達が持っている能力を最大限に発揮することに役立つでしょう。健やかに発達するために，発達のもととなる感覚刺激を，必要なものを必要なだけ十分取り込むことが必要です。それは，日常の授業や生活場面でも工夫次第で

取り入れることができるものです。

　本書では，授業や自立活動の時間だけでなく，朝の会や休み時間などにも取り組むことができる感覚統合遊びや活動を紹介しています。学級や子ども達の実態に合わせて工夫しながら，楽しく実践してくださることを期待します。

第 2 章

国語・算数
教科学習につながる
感覚統合遊び

1	健康の保持
2	心理的な安定
3	人間関係の形成
4	環境の把握
5	身体の動き
6	コミュニケーショ

01 学習準備 集中力・姿勢

おめざめじゃんけん

~朝一番，集中力を高めて学習効果アップ~

関連する自立活動の内容▶1-(5)，3-(4)，4-(2)，5-(1)(5)

ﾟ 活動の様子 ﾟ

感　覚　　筋肉から入る刺激を入れて頭をすっきり，集中力を上げる

　感覚刺激を感じ取りにくい子は，朝からぼんやりしたりあくびを繰り返したりすることがあります。このような子は，学習が始まっても先生の指示が入りにくかったり，活動を始めるのが遅くなったりすることがあるものです。体は起きているけれど頭がぼんやりしているようなら，朝一番に体を動かして脳を目覚めさせてみましょう。体にグググーッと力が入るようなじゃんけん遊びをいくつか用意しておくと，子ども達も飽きないで楽しめるでしょう。さあ，頭をすっきりさせて学習に取り組みましょう。

活動を行う場面

　短時間でできるので，ぼんやりしているなと思った時にやってみましょう。

準備物

・なし

方　法

◎「じゃーんけん，じゃんけん」と言いながらその場でジャンプし，「ポン」で足でポーズをとってじゃんけんをする。

◎「ウルトラじゃんけん，じゃんけん」の掛け声でジャンプし，「シュワッチ」で好きなポーズをとる。しばらくそのままでいる。

Point

　大きい声を出すことがはばかられるようであれば，体だけを動かす「だまってじゃんけん」もいいかもしれません。
　特別支援学級では午前中の早い時間帯に国語や算数の教科を持ってくることが多いと思います。体に刺激を入れたり，子ども達が興味を持ちそうな活動を取り入れたりしながら集中力を上げて，学習に臨みたいですね。

リフレッシュじゃんけん
～学習合間のゲームで頭すっきり，気分転換～

関連する自立活動の内容▶1-(5)，3-(4)，4-(2)，5-(1)(5)

1 健康の保持
2 心理的な安定
3 人間関係の形成
4 環境の把握
5 身体の動き
6 コミュニケーショ

≪ 活動の様子 ≫

❶片足立ちじゃんけん

❷片足立ちであっち向いてホイ！

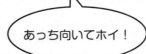

感 覚　楽しく動いて気分をリフレッシュ，バランス力もつける

　集中が続きにくい場合，学習中にぼんやりしている子もいますが，うろうろと歩き回ったり，体を常に揺らしたり，手遊びをしたりしている子もいます。この子達は，ボーッとした頭をシャキッとするために体を動かしているのかもしれません。私たち大人も仕事で集中が切れた時は，背伸びをしたり，軽い運動をしたりして気分転換を図り，リフレッシュしていることもあります。集中力が下がっていると思ったら，体を動かしてトライさせてみてください。片足立ちはバランス力を鍛えるだけではなく，転ばないように筋肉をぎゅっと固めるのでたくさん刺激が入ります。きっとリフレッシュできるでしょう。

活動を行う場面

　授業の合間など，集中が切れたと感じる時にやってみてください。

準備物

・なし

方 法

◎片足立ちをしたまま，じゃんけんをする。先生対子どもでも子ども同士でもできる。じゃんけんをして負けた人が，勝った人の周りをケンケンしながら回る。

◎片足立ちで「あっち向いてホイ！」をして何回勝てるか競う。

　姿勢が崩れやすい子は，体の傾きを感じる力にエラーがあったり，体の傾きを元に戻そうとする力（筋肉を収縮したり伸ばしたりする筋肉の張り）が弱かったりします。片足立ちでの遊びは，バランス能力をつけたり筋肉の張りを高めたりするのにもってこいの遊びです。

ストレッチじゃんけん
～楽しく体を鍛えて，着席できる姿勢作り～

関連する自立活動の内容▶1-(5)，3-(4)，4-(2)，5-(1)(5)

꙳ 活動の様子 ꙳

❶小さくなあれじゃんけん

❷足を開いてじゃんけん

❸腕立てじゃんけん

感 覚　　筋肉をしっかり縮め続けながら筋緊張を高める

　姿勢をまっすぐ保持することが難しい場合，脳がコントロールする筋緊張が低いことがあります。筋緊張が低いと筋肉が柔らかい感じがしたり関節を固定する力が弱かったりすることが多いものです。この活動は，体が倒れないように体を固め続けながら，じゃんけんをするものです。このような持続的に筋肉を収縮するような活動は，筋緊張を高めて姿勢を保持することに役立つでしょう。着座姿勢が楽になるように，やってみてはいかがでしょう。

活動を行う場面

　自立活動で他の運動遊びと組み合わせたり，集中が途切れた時，学習の隙間時間にしたりしてもよいでしょう。

準備物

・なし

方 法

◉じゃんけんで負けた人だけが少しずつ小さくなる。これ以上小さくなれなくなった方が負け。

◉じゃんけんで負けた人だけが足を少しずつ（足のサイズ分）開いていく。足が開けなくなったら負け。

◉腕立て伏せをした状態で，片手をあげてじゃんけんをする。

Point

　自分の体の動きをモニターすることが難しい場合，体を縮めて小さくなる感覚を感じにくいかもしれません。その場合は先生が審判をして，「ここまで小さく！」と手で小さくなる分の高さを示してあげるとよいでしょう。

　❸の活動で腕立て伏せが難しい場合は，四つ這いや高這い（クマさん）の状態から始めましょう。

動物じゃんけん
～進化したかっこいい動物になって筋力アップ～

関連する自立活動の内容 ▶ 1-(5)，3-(4)，4-(2)，5-(1)(5)

₰ 活動の様子 ₰

❶進化じゃんけん

〈 ヤモリになって 〉　〈 イヌさん歩きで 〉

〈 クマさん歩きで 〉　〈 ゴリラになって 〉　やっと人間になれた

❷成長じゃんけん

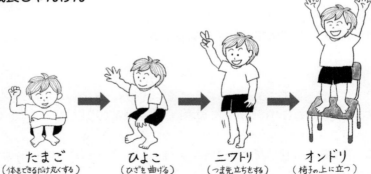

たまご	ひよこ	ニワトリ	オンドリ
（体をできるだけ丸くする）	（ひざを曲げる）	（つま先立ちをする）	（椅子の上に立つ）

感 覚　いろいろな動物の動きをまねしながら，姿勢のコントロール力を高める

　進化じゃんけんは，じゃんけんに勝つたびに進化した動物になっていくものです。ここでは，人が生まれてからしっかり歩くまでの過程での体の動きを経験できます。人の成長で言うと，ヤモリはずり這い，イヌは四つ這い，クマは高這い，ゴリラはO脚歩きです。いずれも，しっかり歩いたり体を巧みに動かしたりするための基礎となる大切な動きです。人はこのような動きを経験したからこそ，スムーズな二足歩行や体の動きを獲得してきたのかもしれません。乳幼児期にこのような動きを経験することなく成長し，現在も動き等に不都合がある場合は，このような遊びをしてみましょう。

活動を行う場面

　自立活動や遊びの指導の時間，集中が切れた時などに行います。

準備物

・なし

方 法

◉まず，ヤモリになってずり這いをしながら，相手を探してじゃんけんをする。勝ったらイヌ，さらに勝ったらクマ，ゴリラ，人間へと進化する。それぞれの格好のままじゃんけんをする。早く人間になった人が優勝する。

◉成長じゃんけんはたまごから始める。じゃんけんに勝つたびにひよこ，ニワトリ，オンドリに成長する。オンドリは椅子の上に立つ。

Point

　進化じゃんけんは体育館などで進化した動物になって動きながら，相手を見つけてじゃんけんすると必要な動きが経験できます。
　進化する順番を絵に描いて示しておくと，取り組みやすいです。

お口じゃんけん
～お口の働きを高めてはっきり発音～

関連する自立活動の内容▶3-(4)，5-(3)(5)，6-(1)

1 健康の保持
2 心理的な安定
3 人間関係の形成
4 環境の把握
5 身体の動き
6 コミュニケーショ

活動の様子

❶お口じゃんけん

グー　　　チョキ　　　パー

❷舌の体操

＜下へ＞　　＜上へ＞　　＜つき出して＞

＜右へ＞　　＜左へ＞　　＜ぐるりと回して＞

感 覚　　食べたり話したりするために口輪筋の強さと協調運動を高める

　ことばは出るのだけど，あいまいでよく聞き取れない話し方をする子がいます。友だちから「なんて言っているの？」と言われることが多くて，コミュニケーションをとりづらくなってしまい，人との関係が消極的になってしまうことさえあります。声を出すための，唇，舌，あごなどの発声器官の協調運動が未熟なこともあります。そのような時は，このような活動でじゃんけんをしながら口をしっかり開け閉めし，口や舌などの運動機能を高めたり，口腔周辺の筋を鍛えたりする遊びをおすすめします。これは，食べるのが遅かったり食べこぼしが多かったりする等の，食べ方の改善にもつながります。

活動を行う場面

　朝の会（自立活動を含む）で取り組めます。舌の体操は毎朝，継続して取り組むと効果的です。

準備物

・なし

方 法

◎じゃんけんのグー，チョキ，パーを口で表現する。
◎舌の体操（下げる，上げる，突き出す，右へ，左へ，回す）をする。

Point

　お口じゃんけんでは，口をしっかり開け閉めすることが大切ですが，見えない部分の体の動きや力の入れ具合を感じにくい子がいます。そのような子には，鏡を見せて口の動きを確認させましょう。

　舌の体操では，「舌を上げて」等の指示では分かりにくい子がいます。「鼻をなめてごらん」など，具体的な行動を言ってあげましょう。

1 健康の保持
2 心理的な安定
3 人間関係の形成
4 環境の把握
5 身体の動き
6 コミュニケーショ

06 国語 書字

いくつ持てるかな？
~コインつまみで，目指そう，鉛筆の持ち方名人~

関連する自立活動の内容▶4-(2)，5-(3)(5)

活動の様子

コインつまみ

①つまんだコインは手の中に

②コインを手のひらに入れたままコインつまみ

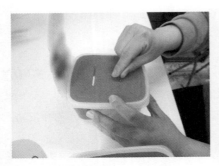

③赤いコインは赤い箱に

※スライムの中からビーズ取り

感　覚　　親指と人差し指でつまむ力をつけ，手指の安定性も育てる

　字を書く時には，親指，人差し指，中指の三指で鉛筆を握り，薬指と小指で支えることが必要です。書字が苦手な子の場合，指先の力が弱かったり，薬指と小指の握り込みが弱く三指を支える力が弱かったりすることがあります。コインを手のひらで握ったまま別のコインをつまむことで，親指や人差し指を動かす力や薬指や小指などの握り込みの力をつけます。また，手指に意識を向けることで手指の巧緻性も高めることができます。

活動を行う場面

　しっかり握り込む動作を書字や描画の前にすると，手の感覚も目覚め，動きもよくなるでしょう。自立活動や日常生活の指導場面でも指導できます。

準備物

・大小の色つきコイン（おはじきやお金等）　・お椀　・穴をあけたタッパ

方　法

◎コインを親指と人差し指でつまんで手のひらに入れる。
◎コインを手のひらに入れたまま，コインをたくさんつまむ。
◎つまんだコインは同じ色の箱に入れる。
※スライムの中から，小さいビーズを親指と人差し指でつまんで取る。

Point

「何個つかめるか？」の競争にすると意欲も上がります。
　大小の赤と青のコインが交ざった中から「赤のコインだけをつまむ」や「大きいコインだけ…」などと指定すると，見る力や概念形成の力もつきます。
　コインを親指と人差し指でつまんでコインの大きさの穴に入れることは，ボタンかけの練習の基礎になります。またスライムの中から小さいものを取り出す時，親指と人差し指でつまむようにさせると尖指対向の力がつきます。

跳んですごろく
〜体で語音を感じて，音韻認識の育成〜

関連する自立活動の内容▶2-(3)，3-(4)，4-(2)，6-(3)

活動の様子

音韻すごろく　「カードを引いて進もう」

感　覚　リズムに乗って音韻認識を育て，両足跳びで協調運動の力を向上
　　　　させる

　文字の習得には音韻認識の発達が必要です。拗音や促音などの特殊音節で
つまずく子には，体で音を意識させると効果的な場合があります。ジャンプ
しながらすごろくをすると全身で音を意識できるので，音の位置がより分か
りやすいでしょう。また，ジャンプは体に多くの刺激を入れることにもなる
ので，集中力を上げやすいです。

活動を行う場面

　国語（自立活動を含む）の学習で，複数で行う方が楽しいです。「っ」や
「ん」を省略したり，書く位置を間違えたりする場合は，重点的に指導して
みてください。

準備物

・フープ　・絵カード　・机上でする場合はすごろく盤

方　法

◎順番にカードを引いて，カードに描いてある絵の名前の音韻数だけフープ
　を跳んで進む。通常のすごろくと同じ。促音や長音を学習する際に，皆で
　ことば集めをした後に取り組むと，より効果が上がる。

Point

　教室で行う場合は，中央に机を集めて周りにフープを置くと，よりたくさん
の名前を学習できます。ジャンプに飽きたら，ケンケンで進む活動も新鮮です。
　机上でも音韻すごろくはできます。その時は，机の真ん中に絵カードを山に
して置き，順番にカードを引いてすごろくをします。絵カードがない場合は促音，
拗音，撥音を含んだ名前の文字カードでもいいです。

国
語

1	健康の保持
2	心理的な安定
3	人間関係の形成
4	環境の把握
5	身体の動き
6	コミュニケーション

08 国 語 ことば・概念

かかしさんのことば集め
～ボールをやり取りしながらことば増やし～

関連する自立活動の内容▶1-(5)，3-(4)，4-(2)(5)，5-(1)(5)，6-(3)

活動の様子

❶かかしさんのことば集め（2人で）

❷みんなでしりとり

感 覚　　片足立ちでバランスカ，ボールのやり取りで協調運動を向上させる

　ことばを増やす方法として「ことば遊び」があります。「『あ』のつくものは？」と問うと，物の名前を想起させます。「赤いものは？」「果物は？」などと問うと，概念を形成させます。しりとり遊びは音韻認識を育てます。楽しみながらことば遊びをやりたいものです。ここでは，ことば遊びに片足立ちを入れています。バランス能力を高め，ボールのやり取りをすることで見る力や体を動かす力を高めたいからです。また，動きがある方がより覚醒を上げ，遊びの要素が強くなるので楽しめると思います。

活動を行う場面

　国語の時間や自立活動の時間，隙間時間にも取り組めます。2人1組で行えますが，クラスのみんなで取り組んでも楽しいでしょう。

準備物

・ビーチボールなどのボール

方 法

◎ボールを持った人が，「赤いもの」などと言って，ボールを投げる。ボールを受け取った人は指示されたものの名前を言う。これを繰り返す。

◎複数人が輪になる。ボールを持った人は渡したい人に「Aちゃん，めがね」と言ってボールを投げる。受け取った人は「Bちゃん，ねこ」としりとりしながら次に渡す人の名前を呼んでボールを投げる。

Point

　ボールを受け取ってから次に渡す人の名前を言うまでの時間を，「5秒以内」などと決めるとハラハラドキドキです。異学年でする時は「1年生は10秒以内，3年生は5秒以内」などハンディをつけましょう。特性によっては負けることが苦手な子もいます。その時は，「皆でことば集め」という手もあります。

友だちバスでお出かけ
〜仲間を集めてお出かけしながら概念形成〜

関連する自立活動の内容 ▶ 4-(5)，5-(5)，6-(3)

✧ 活動の様子 ✧

仲間を集めて住処へ行く

じゃがいもは野菜だから野菜バスに乗せるよ

ここから入れるね

にんじんは畑で降ろそう

畑；町の様子が描かれたレジャーシート

感 覚 　　形比べや手指の運動で，形を捉える力や視運動の力を育てる

　　認知とは「『感覚を通して得られる情報を基にして行われる情報処理の過程であり，（略）』」，概念は「（略）認知の過程においても重要な役割を果たすものである。」（特別支援学校学習指導要領自立活動編 p.81抜粋）と言われています。これは，感覚刺激の意味が分かった上で刺激を受け取り，まとめ上げていくことで概念を形成し，それらがさらに高度な概念を形成したり，認知能力を底上げしたりするということだと思います。知的障がいのある子は，理解に時間がかかるなどのために概念形成が難しいことがあるので，この活動を考えました。バスを走らせることで意欲を持たせ，動きを入れることで集中力を高めます。そして，仲間の絵カードをバスに乗せることで概念を形成し，その仲間の住処に行くことでさらに概念を増やします。この時に多くの感覚を使うことで，より習得しやすくすることをねらっています。

活動を行う場面

　　国語や自立活動の時間に取り組みます。

準備物

　・手作りバス　　・絵カード　　・町の様子が描かれたシート（1000円くらい）

方 法

◎仲間（野菜や動物など）を集めてバスに乗せる。

◎集めた仲間を住処（畑や海，動物園など）に連れて行きバスから降ろす。
　「野菜は畑でとれるね」等のことばをかけ，概念のもとになる学習をする。

Point

　　絵カードを三角柱や直方体等の立体にすると，バスに乗せる時に型はめ学習ができます。力を入れないとバスに入れないようにすると手指の固有感覚にしっかり働きかけ，感覚を感じやすくし，記憶にも残りやすいと思います。

小さいお店屋さん

～指先を器用に使ってことばを増やして概念形成～

関連する自立活動の内容▶ 4-(5), 5-(3)(5), 6-(3)

活動の様子

❶ペットボトルふたのお店屋

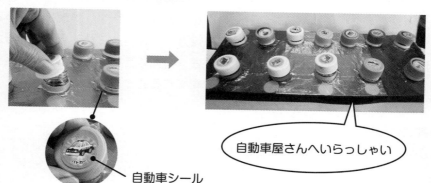

自動車シール

自動車屋さんへいらっしゃい

❷つまようじシールのお店屋

食べ物シール

レストランへようこそ

感 覚　　ふたの開け閉めやつまようじ刺しで，手指機能を高める

　子ども達の大好きなお店屋さんごっこを，手指機能の向上も目的にしながら楽しむものです。ペットボトルのふたをはめたり外したりすることで，手指を左右に回転する動きを学びます。その際，手指操作の基礎となる三指（親指，人差し指，中指）を使うと，指先に力をつけながら操作力を上げることにもなります。シールを貼ったつまようじ刺しも，指先の力と手指の器用さを育てます。ペットボトルのふたやつまようじに貼るシールは，果物，お寿司，車，乗り物など，いろいろあります。自動車シールを貼ったものを並べると自動車屋に，食べ物シールを貼ったものを並べるとレストランになります。シールにはその名前が書いてあるので，読みの学習にもなります。

活動を行う場面

　国語や自立活動の時間に取り組みます。お金の計算などを入れると，算数の学習にもなります。

準備物

・ペットボトルの上部を切って固定したもの　・シールを貼ったふた
・シールを貼ったつまようじ　・スポンジ（硬くて目が粗いもの）

方 法

◎ペットボトルのふたを閉めてお店を開店，買いに来た人にふたを開けて品物を渡しながら，お店屋さんごっこを楽しむ。
◎シールを貼ったつまようじをスポンジに刺してお店屋さんごっこをする。

Point

　手指機能が未熟な子は，手のひらでふたを握って開け閉めしようとすることがあります。三指の先の方を使って，ふたの開け閉めをさせてみましょう。細かい手の動きが必要な操作に役立ちます。

1　健康の保持
2　心理的な安定
3　人間関係の形成
4　環境の把握
5　身体の動き
6　コミュニケーショ

11　国 語　ひらがな

ひらがな，ひらがな，どこ行った？

~ひらがなのお家遊びでひらがな習得~

関連する自立活動の内容▶2-(3)，4-(2)

活動の様子

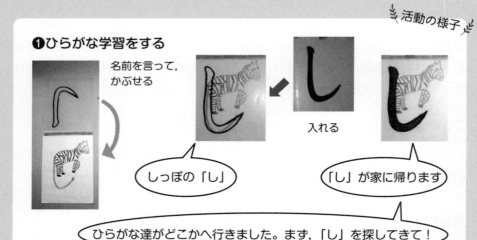

❶ひらがな学習をする

名前を言って，かぶせる

入れる

しっぽの「し」

「し」が家に帰ります

ひらがな達がどこかへ行きました。まず，「し」を探してきて！

❷どこかへ行ったひらがなカードを探そう

見つけた

感 覚　ひらがなを習得し，カード探しで視覚的探索能力を高める

　　知的に課題がある子の中に，LD などの認知の偏りがある子もいます。なかなかひらがなが入りづらい場合，絵（意味）とともに覚えさせると，覚えやすい子もいます。文字学習だけでは意欲がわかない子には，ゲーム的要素を取り入れるとがんばってくれます。ひらがなカードを隠して探すだけではなく，かるた取りや的当て，カード釣り（魚釣りの要領で）などもできます。感覚刺激も入り，見る力や体の動きの向上にも貢献します。

活動を行う場面

　　国語（自立活動を含む）の時間に取り組みます。実態に合わせるためには個別が望ましいですが，かるた取りなどは複数ですると盛り上がります。

準備物

　・絵とともに覚えるひらがなカード（自作）　・ひらがなカード（透明）

方 法

◉絵の名前を言い，白抜き文字を絵にかぶせ「しっぽの『し』」と読む。

◉透明の文字カードを絵の上にのせて「『し』がお家に帰った」と言う。

◉読む練習をした後に，文字カードを「『し』が遊びに行く」ことにして教室の壁などに貼る。同じようにして数文字を学習し，カードを探しに行く。

❧ Point ❧

　　LD がある子のひらがな学習は，キーワード法（しっぽの「し」など，意味と関連付ける）が効果的なことがあります。その際，ゲーム的要素を入れると学習意欲も上がります。苦手な学習をする場合は，覚醒が下がって集中が切れてしまいがちです。そんな時には体を動かしながらすると集中できます。

チュウチュウことば作り
～ことばも増やし，しっかりつけよう食べる力～

関連する自立活動の内容▶2-(3)，3-(4)，4-(2)，6-(3)

1　健康の保持
2　心理的な安定
3　人間関係の形成
4　環境の把握
5　身体の動き
6　コミュニケーショ〉

活動の様子

机に並べた文字カードを，ストローで吸い取ってことばを作る

感　覚　　語いを増やし，ストローで吸い続けて口腔周辺の筋肉を鍛える

　発達に偏りがある子の中には，口腔周辺の筋緊張が低くて明瞭に発音ができにくい子がいます。発音するための器官（口，唇，舌等）をうまく動かす練習には，お口の体操などとともに，吹く，吸うことがあります。この活動はストローで吸い続けることで，口腔周辺の筋肉を鍛えて発音を明瞭にするという発音練習にも役立つでしょう。活動時には，ひらがな，カタカナ，漢字など，子ども達の学習状況に合わせてカードを準備します。それらを単独で，または組み合わせてことばを作り，その数を競うと意欲も上がります。

活動を行う場面
　国語（自立活動を含む）の時間などに個別でも，複数でもできます。

準備物
・文字カード（コピー用紙などの薄い紙に文字を書いたもの）　・ストロー

方　法
◎机上に並べた文字カードをストローで吸い取る。
◎吸い続けたまま，自分の机まで運び，ことばを作る。
◎カードを並べてできたことばの数を数える。

Point

　吸う力は，文字カードの紙の大きさや厚さなどにより異なります。吸う力が強い子には少し厚い紙を用意する等，実態に合わせられたらいいですね。
　ひらがなを学習中の子にはひらがなカードを，漢字を学習中の子には漢字カードを用意する等，実態に合わせましょう。
　文字だけではなく，色紙を使って「同じ色集め」もできます。グループ対抗にすると，レクリエーションになります。

名探偵ゲーム
~ヒントを読んだり書いたりしながら文字学習~

関連する自立活動の内容 ▶ 2-(3)，4-(2)(4)(5)，6-(3)

1　健康の保持
2　心理的な安定
3　人間関係の形成
4　環境の把握
5　身体の動き
6　コミュニケーショ

活動の様子

宝を隠し，その場所のヒントを書いたり読んだり

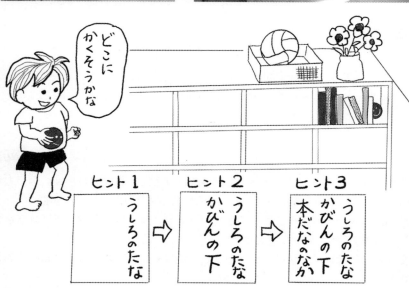

感　覚　　ヒントを大きく書いて，手の動きを感じる力をつける

　　宝探しは子ども達が大好きな遊びの１つです。子どもが宝を隠し，隠し場所のヒントを書く作業は書字が苦手な子も意欲的に取り組めます。文字を覚える時には見て覚えるだけでなく，手を動かしてその動きを通しても覚えます。しかし，手が不器用な子は手の動きを正しく感じ取りにくく，文字を覚えにくいことがあります。そのような時には，手の動きを感じやすいように太いペンで大きく書かせることも効果的だと言われています。この活動は，ホワイトボードにマーカーで大きく書くので手の動きをより捉えやすくなり，習得しやすくなると思われます。さらに，ホワイトボードだと間違ってもすぐ消せるので抵抗感も減るようです。

活動を行う場面

　　国語の時間だけでなく，遊びの指導や自立活動の時間にもできます。

準備物

・宝物（子ども達が好きなフィギュアなど）　・ホワイトボード（100円ショップのものを人数分用意しておくと便利，用紙をラミネートしてもよい）　・ボード用マーカー

方　法

◎宝を隠して，隠し場所のヒントをボードに書き，探してもらう。宝を見つけたら交代する。

Point

　　読みが苦手な子には，前もって先生が複数の宝を隠しておき，その場所のヒントを紙に書いて渡します。宝探しだと読みが苦手でも進んで読もうとします。宝の代わりに数字カードでもいいです。「１から10までのカードをみんなで探そう」とめあてを持たせると，文字学習とともに協力も学べます。

14 国 語 読む・話す

1 健康の保持
2 心理的な安定
3 人間関係の形成
4 環境の把握
5 身体の動き
6 コミュニケーション

シールすごろく
~楽しく，反対語やことわざの学習~

関連する自立活動の内容▶3-(4)，4-(2)(5)，6-(3)

活動の様子

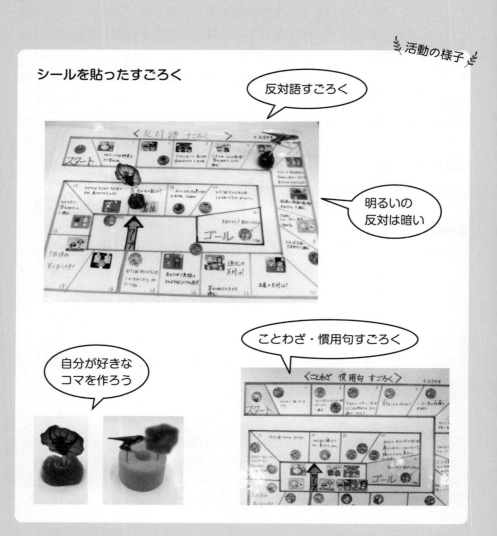

シールを貼ったすごろく

反対語すごろく

明るいの
反対は暗い

ことわざ・慣用句すごろく

自分が好きな
コマを作ろう

感　覚　　すごろくを楽しむために好きなコマを作り手先の器用さを高める

　読みが苦手な子は文章を見ると抵抗感を示しますが，すごろくなどのゲームは嫌がらずに読んでくれます。食べ物や車などのシールを使うと簡単にすごろくが作れます。学習状況に応じて反対語のシールを使ったり，ことわざや慣用句のシールを使ったりしてみましょう。すごろくに使うコマも，好きなキャラクターを使うと喜びます。つまようじに好きなキャラクターの絵を貼り，粘土などに突き刺して作らせます。コマがきちんと立つように粘土を丸めて作ることで手の操作性を高めます。また，力加減が分かりづらい子は，机上でサイコロを振ることが苦手です。机から落ちないように優しくサイコロを転がす経験もさせたいです。

活動を行う場面

　国語や自立活動，遊びの指導の時間にできます。

準備物

・シールを貼ったすごろく　・コマ（手作り）　・サイコロ

方　法

◎コマを作る。

◎すごろくをする。2つのサイコロを使うと，出た目の数を足したり引いたりして，たし算やひき算の練習をしながら進むことができる。

Point

　子どもの実態に合わせていろいろなすごろくができます。ことばすごろく，漢字すごろく，計算すごろく，ソーシャルスキルすごろくなどです。コマに好きなキャラクターを貼ってあげると，意欲も上がります。

体でかるた取り
～体にくっつけた漢字カード取りゲームで漢字習得～

関連する自立活動の内容▶2-(3)，3-(4)，4-(2)

☆ 活動の様子 ☆

❶漢字学習をする　絵とともに学ぶ

かぶせる

❷体でかるた取りをする

「あき」！

こんなのもできるよ！

マグネットの矢や
くっつきボールで
ダーツゲーム

的当て

感　覚　　体の部位につけたカード取りで，体への意識と身のこなしを学ぶ

　　読めるようになった漢字は，繰り返し練習することで定着します。練習する時は漢字を読むだけでなく，ゲーム性を持ったいろいろな学習にすると飽きません。この活動は，漢字カードを肩やお腹，足などにくっつけてかるた取りをするものです。自分でカードをつける時や相手からカードを取られる時には自分の体を意識します。カードを取られないようにするために，身のこなし方を学びます。また，自分の体につけたカードは，上から見下ろす位置にあるので，視点を変えた見方をすることにもつながります。

活動を行う場面

　　国語や自立活動の時間に取り組めます。国語の時間のはじめにすると，頭がすっきりしますし，最後にすると学習をがんばった後のご褒美になります。

準備物

　　・漢字カード　　・セロテープ

方　法

◉漢字を意味（絵）と関連付けた方が覚えやすい子には❶の写真のようなカードで漢字学習をする。カードを体にくっつけて，かるた取りをする。

≵ Point ≵

　　体の動きを感じ取る固有感覚などにエラーがある場合，何回も書いて漢字練習をするだけでは覚えにくいことがあります。意味（絵）と関連付けたり，大きく書いたりすることで覚えやすくなる子もいます。
　　定着させるためにも意欲が必要です。時々ゲーム性のある課題をやってみませんか。ホワイトボードに書いてダーツゲームをしたり，カードを洗濯ばさみではさんで，的当てをしたりすると喜んで学習します。

1	健康の保持
2	心理的な安定
3	人間関係の形成
4	環境の把握
5	身体の動き
6	コミュニケーション

16 算 数 数量

くもの巣で金貨探し

～巣に触れないで金貨を探し，数の学習～

関連する自立活動の内容▶1-(5)，5-(5)

✎ 活動の様子 ✎

❶くもの巣を作り，20枚の金貨を置く

❷ひもに触れずに金貨探し

❸集めた金貨を数える

感　覚　　ひもに触れないように体をうまく操りながら身体図を形成する

　自分の体の状態を正しく把握してうまく体を動かすためには，体に関する情報を正しく捉えるための身体図の形成が必要です。それは自分の体の形や大きさなどに関する体の地図のようなものです。身体図が未熟だと，体をあちこちにぶつけることがあります。この活動は，張り巡らせたひもに触れないようにくぐったりまたいだりしながら，金貨を探すゲームです。ひもに触れると鈴が鳴るので，触れたことが分かり，「体をもっと小さくしてくぐろう」「足を高く上げてまたぎ越そう」などと動きを修正できます。動きを考えながら体を動かすことで，自分の身体図の形成に必要な学習もできます。

活動を行う場面

　算数や自立活動の時間に取り組みます。

準備物

　・ペットボトル　・テープ　・ゴムひも　・鈴　・おもちゃの金貨など

方　法

◎ひもを張り巡らせてくもの巣を作り，20枚の金貨を置く。

◎ひもに触れないように20枚の金貨を探す。

◎集めた金貨を数える。

✂ Point

　全部で20枚の金貨を隠して，「あと，何枚残っているか？」などの計算もできます。ゴムひもを机や椅子にくくり付けてくもの巣を作ることもできます。ひもに鈴を付けておくと，体がひもに触れたことが分かります。

　ひもの支えにペットボトルを使うと，ペットボトルの下など，金貨の隠し場所のバリエーションが広がり，わくわく感が増します。

1 健康の保持
2 心理的な安定
3 人間関係の形成
4 環境の把握
5 身体の動き
6 コミュニケーショ

17 算数 数量

叩いて防いでサイコロころりん
～サイコロの目で直感的につかむ数の大きさ～

関連する自立活動の内容 ▶ 3-(4)，4-(2)，5-(5)

活動の様子

数が大きい方が叩いて，カードをゲット！

感 覚　　素早く叩いたり防いだりしながら，力加減や手の使い方を学ぶ

　私たちは，4〜5個程度ならその個数を数えなくても数を捉えることができます（高原，2020）。しかし，発達に課題を抱える子達の中には，直感的な数の捉えが難しい子がいるようです。数を1〜100まで順番に数えることはできても，3個のブロックを見てパッと「3個」と捉えることができず，「1，2，3」と数える子がいます。そういった子達は，数処理が遅れることがあるそうです。特別支援学級では，数量の把握をさせる時にいろいろなものを数えさせることで指導することが多いようですが，ここでは，サイコロの目の数を瞬間的に捉える力を育てることをねらっています。サイコロを転がす時や，カードをハンマーで叩いたり防いだりする時に，様々な手の使い方も経験できます。

活動を行う場面

　算数や自立活動の時間に取り組みます。ウォーミングアップに最適です。

準備物

・サイコロ　　・ピコピコハンマー　　・カード

方 法

◎2人で同時にサイコロを転がし，出た目の数が大きい方が相手のカードを叩きます。出た目の数が小さい方は，自分の陣地にハンマーを置いて叩かれないようにします。叩く人はカードを叩くことができたら，カードをゲットできます。

Point

　ドットのあるサイコロから始めます。慣れてきたら，数字でもやってみましょう。数量の把握が難しい時には，じゃんけんで勝った方が叩くというルールから始めましょう。きっと笑い転げますよ。

数の秘密

~100までカードにお金を置いて数概念形成~

関連する自立活動の内容▶2-(3)，4-(2)(5)

❖ 活動の様子 ❖

❶100まで数える

1～100までの数字とドット表

❷数字にお金を置く

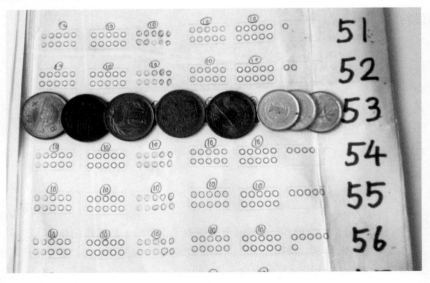

感覚　たくさんのドットを数えてビジョンを高める

　１～100までの数を唱えることはできても，「23と41ではどちらが大きいか？」が分からない，また，１円玉も10円玉も同じ「１枚」と捉えてその数量の大きさの違いに気づけない等があります。数唱・数詞，数字，量がマッチして数概念が形成されていると言われますので，先述の例は数概念が形成されていない状態です。数概念はいろいろなものを数えたり，操作したりしながら基礎作りがなされますので，このドット表は数概念形成の手助けとなるように作っています。数唱の際，数とその量を関連付けるように10のかたまりとしてドットを描いています。できるだけ，数えながらドットを目で捉えるように，ことばをかけながら意識させます。数唱の後，10のかたまりに10円玉を，１のバラに１円玉を置いて，お金と数のマッチングもできるといいです。そして，十進数の理解の基礎作りをしたいです。

活動を行う場面

　算数（自立活動を含む）の時間に取り組みます。

準備物

・１～100までのドット表　・硬貨

方　法

◉数字を見ながら100まで数える。ドットを見ながら100まで数える。
◉ドット表の中から指定された数字を見つけ，10のかたまりに10円玉，１のバラに１円玉を置く。

Point

　ドット表を見て数唱する時は，数字を紙などで隠してドットだけを見て唱えるとより量に目が向きます。

19 算 数 数概念

買い物ごっこ
～お金の計算を位取り表でしながら学ぶ十進数～

関連する自立活動の内容▶2-(3)，4-(2)(5)

1	健康の保持
2	心理的な安定
3	人間関係の形成
4	環境の把握
5	身体の動き
6	コミュニケーション

活動の様子

❶買い物ごっこにレジと位取り表

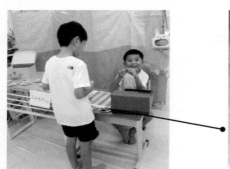 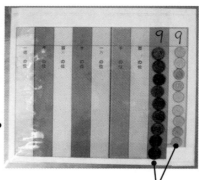

硬貨は9枚しか並ばない

❷位取り表でお金の計算をする

050

感 覚　　お金の計算をしながら手指の操作性を高める

　　買い物ごっこは特別支援学級では定番で大切な学習の１つです。お金は生活に必要なものですし，数の大きさを捉えさせる時に身近で手軽な教材です。１円玉が10枚で10円玉に変換（両替）するという等価計算ができるようにしたり，１が10個で次の位に上がるという十進数の位取りが理解できるようにしたりすることが目標です。十進数の理解には位取り表があると便利です。また，硬貨は厚みが約1.5mm～1.8mmと薄いものです。指で硬貨をつまんだり並べたりするだけでも，手指の操作の練習になります。

活動を行う場面

　　算数や生活単元，自立活動の時間に取り組みます。

準備物

・位取り表　　・硬貨　　・買い物ごっこに使う品物

方　法

◉買い物ごっこをする。

◉代金の計算方法は子どもの実態に合わせる。買い物をした人は位取り表にお金を置いて渡し，お店の人は数字を書く。

Point

　　教材用のお金を使ってもよいのですが，本物のお金の方が，厚みが薄いので手の操作性は高まります。ただ，本物のお金を使う場合には，お金の管理など，取り扱いには配慮がいりますが…。

　　100円ショップには食べ物や文房具等のミニチュアが「おもしろ消しゴム」として売られています。子ども達にも大人気なので，お店に並べる商品にもってこいです。

大型すごろく
～和，差，積の数だけ進んで，高める計算能力～

関連する自立活動の内容▶2-(3)，3-(4)，4-(2)

1　健康の保持
2　心理的な安定
3　人間関係の形成
4　環境の把握
5　身体の動き
6　コミュニケーション

👉 活動の様子 👈

1～100までの大型すごろく

今日は2つの数の
たし算で進みます

指示；友だちと
　　　握手をする

感　覚　　ジャンプで進んで体の協調運動の基礎を作る

　数概念の中の数唱を学習する教材です。１〜100までの順序数と言われる数の順序を学びます。机上でするすごろくも楽しいものですが，このすごろくはジャンプやケンケンをしながらマスを進むことができ，体の使い方も学べます。10面体のサイコロ（算数セットに入っている）を２つ使うと，「足した数だけ進む」などたし算の計算練習にもなります。たし算だけでなく，ひき算やかけ算もできます。かけ算では大きい目が出ると一発逆転になったり，すぐゴールできたりするので意外性があり，笑いが生じます。途中に指示文があると，読みの練習にもなります。

活動を行う場面

　算数の計算領域（たし算，ひき算，かけ算）や自立活動の時間に行います。

準備物

・大型すごろく（１〜100までの数字カードをひもでつなぐ）　・10面体サイコロ　・指示文　・ぬいぐるみなどのコマ

方　法

◎大型すごろくの途中に指示文を置く。通常のすごろくのルールと同じ。２つのサイコロの目を足したり引いたりかけたりして進む。

Point

　一度，大型すごろくを作っておくと，算数の計算の習熟場面で活躍します。たし算，ひき算，かけ算の暗算練習ができます。また，サイコロを３つ使うと，３つの数の計算もできます。

恐竜と遊ぼう
～恐竜たちが増えたり減ったり算数学習～

関連する自立活動の内容 ▶ 2-(3)，4-(2)(4)，6-(3)

⚘ 活動の様子 ⚘

❶フィギュアでたし算・ひき算学習

7体の恐竜が遊んでいると，
5体の恐竜が遊びに来ました…

❷マグネット付き絵カードで

マグネットの数字を
使うと楽しい！

054

感 覚　　フィギュアを動かしながら手指の操作性を高める

　算数に苦手意識を持っている子は，算数の勉強と言うと尻込みをします。しかし，「好きなキャラクターと遊ぶよ」と声をかけると意欲が上がります。たし算やひき算が難しくてすっかり算数嫌いになった子が，おもちゃと遊ぶことで楽しく学習し，分かるようになったことが今までにもあります。特別支援学級だからこそ遊びの要素を取り入れて，楽しく学ぶことがあってもいいのではないでしょうか。好きなキャラクターを並べたり遊ばせたり，操作させてみてはいかがでしょう。

算
数

活動を行う場面

　算数（自立活動を含む）の時間に取り組みます。絵カードにすると一斉指導でもできます。

準備物

　・フィギュアなどのおもちゃ　・ホワイトボード　・マーカー

方 法

◎「恐竜が７体遊んでいました。そこへ…」などとお話をしながら，数字を書き，さらに，「足す」，「引く」の学習をする。

◎マグネット付き絵カードと数字マグネットを使って，たし算，ひき算の学習をする。

Point

　数字を書くのが苦手な場合，書く必要のない数字マグネットを使うと意欲的に取り組みます。気分転換を図って意欲を高めたい場合も，マグネットをくっつけることを遊び感覚で楽しめるのでリフレッシュできます。

　マグネット付きの絵カードにすると，黒板でも使えます。ぜひ，子どもの好きなキャラクターを使って，一斉指導を行ってみてください。

おみやげなあに？

～カード探しを楽しみながら行う文章問題～

関連する自立活動の内容 ▶ 2-(3)，6-(3)

1　健康の保持
2　心理的な安定
3　人間関係の形成
4　環境の把握
5　身体の動き
6　コミュニケーショ

活動の様子

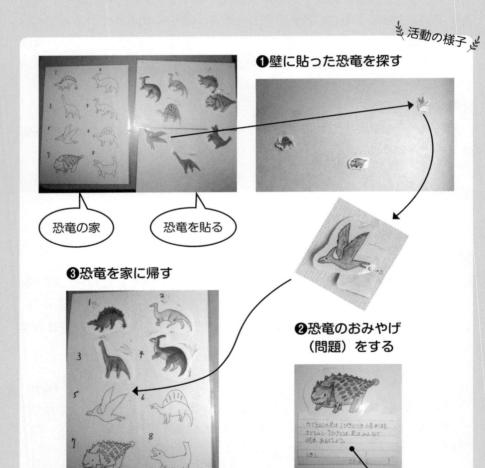

恐竜の家

恐竜を貼る

❶壁に貼った恐竜を探す

❸恐竜を家に帰す

❷恐竜のおみやげ
（問題）をする

恐竜のおみやげ（問題）

感　覚　　体に刺激を入れて集中力を高め，カード探しでビジョンも高める

　子ども達は宝探しが大好きです。この活動は，宝探しというゲーム性を持たせることで，文章問題等がおっくうな子にも意欲的に取り組んでもらうためのものです。キャラクターを描いた白黒シートをお家とします。壁に貼ってある（カラーの）キャラクター（の絵）を探して家に連れて帰ります。その時のおみやげが文章問題です。1つ問題を解くと，次のキャラクターを探しに行くことができるので，がんばって問題に取り組みます。集中が長続きしない子や多動傾向のある子にも効果的です。体を動かすことによって集中力も高まります。1問ずつ解くので，苦手な子の抵抗感も低いです。

活動を行う場面

　算数（国語でも可）の時間に取り組みます。自立活動と合わせて行ってもいいです。

準備物

・キャラクターを描いた白黒シートとそのカラーの絵（ラミネート版）

方　法

◉文章問題の紙を付けたキャラクターの絵を壁などに貼っておく。
◉キャラクターを見つけてきて，おみやげの問題を解く。
◉問題が解けたらキャラクターを家に帰し，次のキャラクターを探す。

Point

　学習する順番を決めておいた方がよい場合は，キャラクターのシートに探す順番を書いておきます。「1番のキャラクターを探してきて」と指示すると，取り組みたい課題を行うことができます。
　複数でする時には，キャラクターの家とキャラクターの絵を複数用意しておくと，皆で取り組むことができます。

23 算 数 時刻と時間

1	健康の保持
2	心理的な安定
3	人間関係の形成
4	環境の把握
5	身体の動き
6	コミュニケーション

見える時間
~時間を見える化して時刻と時間を学ぼう~

関連する自立活動の内容▶2-(3)，4-(2)(5)

活動の様子

❶時間が見える時計作り

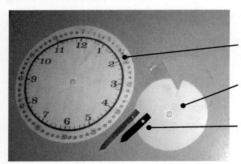

時計の模型

切れ目を入れた色が異なる画用紙

長針・短針

❷時刻と時間学習

9時から9時15分までの
時間は15分だね

針が動いた分だけ色が
変わり，時間が見えるね

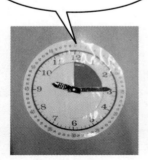

感 覚 　 時計の操作で手の操作性を高め，時間を捉えるビジョンを高める

　２年生になると時刻と時間を学びます。時間は見えないものなので，この学習でつまずく子は多いです。時刻は，時の流れの１点を示しますが，時間は，ある時刻からある時刻までの時の経過，つまり時の量を示します。普段の生活で時計を見ることによって時刻は読めるようになることが多いです。しかし，時間は目で捉えられないのでなかなか分かりにくいものです。そこで，時間の流れを見て分かるようにしてみました。この時計の操作に興味を持ち，自分で操作しながら学習する子もいます。「○分後」「○分前」等の学習時に使っています。

活動を行う場面

　算数（自立活動を含む）の時間，スケジュールを立てる時などに使います。

準備物

・時計の模型　・色つきと白色の円形の紙　・長針　・短針　・割ピン

方 法

◉割ピンで，時計の模型，色つきと白色の円形の紙，長針，短針を留め，時間が見える時計を作る。
◉始点の位置に針を合わせ，終点まで長針を回す。

Point

　始点の時刻が決まったら，色つきの円形の紙をテープで留めると片手で操作できます。時間を量として視覚的に捉えられるようにしたものです。
　時間の感覚は分かりにくいものなので，普段から残り時間を色で示すタイマーなども使いながら，時の流れ（時間）を意識させるといいですね。

24 **算　数** 長さ・高さ

1	健康の保持
2	心理的な安定
3	人間関係の形成
4	環境の把握
5	身体の動き
6	コミュニケーショ

ハイジャンプ
～ゴム跳びで高さを体感しながら高跳び練習～

関連する自立活動の内容▶ 1-(5)，2-(3)，4-(5)，5-(1)

≫ 活動の様子 ≪

❶ハイジャンプ

❷ハードル走

感　覚　　高く跳ぶための体の格好を考えながら跳び，身体図を育てる

　元気いっぱいの子は跳ぶことが大好きです。体が動きを求めているのでしょう。この跳ぶ遊びはゲーム的要素を含み，楽しみながら動きたい欲求のある子を満足させます。しかも，自分の体の動きを予測する力（身体図の一部）もつけます。私たちは，はっきり意識しないけれど「これぐらいの高さだと足の高さをこれぐらいにすると跳べるな」と予測をつけながら跳んでいるものです。うまく成功したらそれが経験値となり，体をうまく動かせる力につながります。高跳びのバーをゴムひもにすることで恐怖心を和らげますし，バーを支えるペットボトルに色テープを巻いて高さを書いておくと，高さの学習にもなります。学年が上がると体育の時間に高跳びやハードルの単元が入ってきますので，その練習としてゴム跳びを入れてみたらいかがでしょう。

活動を行う場面

　算数や体育，遊びの指導の時間だけでなく，自立活動としても取り組めます。複数でする時には，個人の記録を伸ばすことに着目させ，優劣が目立たないように配慮する必要もあるかもしれません。

準備物

　・高跳び用バー支え　・ゴムひも　・マット　・ペットボトル　・色テープ

方　法

◎高さを確認しながら跳ぶ。

◎何本か並べてハードル走をする。

Point

　高さの感覚を長さと関連付けるために，「次は50cmだよ」などとバーの高さを伝えるといいです。

足をついたらお尻をペン！

~片足立ち競争で養う計算力と時間感覚~

関連する自立活動の内容▶1-(5)，3-(4)，4-(5)，5-(1)

活動の様子

足をついたらお尻をペン！

片足立ちは難しい

感 覚 　片足立ちやケンケンでバランス力と姿勢保持力をつける

　姿勢を保ち続けるためには，バランスをとり続ける力や体が傾いた時に立て直す力が必要です。体が柔らかい子の場合は，これらの働きがうまくいっていないことがあります。このような子には，楽しみながら片足立ちなどを経験させてみるのもいいです。立つ場所を空気入りクッションのような不安定なところにすると，さらに体を鍛えられます。サイコロ２つの目を足して，足した数の秒数の間だけ立っておくようにすると，時間の感覚も育てられるでしょう。

活動を行う場面

　算数のウォーミングアップや自立活動の時間に取り組めます。片足立ちは，体に強い刺激が入るので脳を覚醒させます。集中力が低下していると感じた時，片足立ちをしてみたらいかがでしょう。

準備物

・サイコロ　・空気入りクッション（不安定な台でも可）

方 法

◎２人がそれぞれサイコロを振り，出た目の数を足す。

◎出た目の和の秒数だけ，片足立ちをする。

◎途中で足をついたら負け。最後まで片足立ちができた人は，ケンケンで相手のお尻をペンすることもできる。

Point

　秒数を数える時には「１秒，２秒…」と秒をつけて数えると，時間の感覚を養うための一助になると思われます。
　バランス力が弱く不安定な場所では片足立ちが難しい子は，やる気を持たせるために床の上に立ってもよいことにしましょう。

スピード計算
~答えの数字を早く見つけて計算力アップ~

関連する自立活動の内容▶1-(5), 2-(3), 3-(4), 4-(2), 5-(1)(5)

1 健康の保持
2 心理的な安定
3 人間関係の形成
4 環境の把握
5 身体の動き
6 コミュニケーショ

ℓ 活動の様子 ℓ

❶2人ともサイコロを振る

4と9だから4×9＝36。
3と6の数字を探すよ！

❷数字を探して早くタッチする

私が早く見つけたよ！

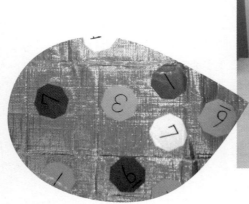

感　覚　　視覚的な探索力を育てながら転ばないように踏ん張る力をつける

　この活動は，たし算，ひき算，かけ算の計算の習熟に使えます。２つのサイコロを振って出た目の数を計算します。答えとなる数字を手か足で押さえます。答えが２桁の時は２つの数字（例えば24の場合は２と４）が離れたところにあったりします。その場合は，不自然な体勢になることもあります。倒れないように姿勢を保持する必要があるので，体に力を入れて踏ん張る力もつきます。また，たくさんの数字の中から必要な数字を見つけるためには視覚的な探索力も必要ですから，ビジョントレーニングにもなります。

活動を行う場面

　算数や自立活動の時間に取り組みます。

準備物

・０～９までの数字シート　　・10面体サイコロ

方　法

◎サイコロ２つを振る。
◎２つの出た目を，子どもの実態に合わせて加減乗のうちのどれかで計算する。答えとなる数字を見つけて手か足を置く。早く見つけることを競う。

Point

　たし算だと，３つのサイコロを振って「３つの数のたし算」の計算にも使えます。学校には０～９までの目がある10面体のサイコロがあると思うので，活用しましょう。
　数字シートは，０～９までの数字を色紙に書いてラミネートをかけ，レジャーシートに貼ったものです。いろいろな計算に使えるので１枚作っておくと便利です。

マットにピョーン

~マットにジャンプしながら覚える図形の名前~

関連する自立活動の内容▶1-(5)，2-(3)，4-(2)(5)，5-(1)(5)

1 健康の保持
2 心理的な安定
3 人間関係の形成
4 環境の把握
5 身体の動き
6 コミュニケーショ

活動の様子

❶指示された形に跳ぶ

正三角形まで跳ぶんだな

❷どちらが早く見つけるか

トントントントントンひし形！
「ぼくが早かったよ」

感　覚　　目的のところまでジャンプして，自分の運動機能を知る

　この活動では，まずはジャンプすることで頭を目覚めさせ，学習の構えを作りたいです。そして，目的の形まで跳ぶためには，自分の体のどこにどれくらいの力を入れたらよいかということを考えさせます。それは無意識のうちに行われるかもしれませんが，自分の運動機能を知り，それを高めることにもつながっています。跳ばせる時は，子どもの能力に合わせて「三角」「正三角形」「平行四辺形」など図形の名前の言い方を変えたり，色を伝えたりするといいです。図形の学習の後に行うと，習熟度が上がると思います。

活動を行う場面

　算数または自立活動の時間に取り組みます。

準備物

・マット（跳び下りても痛くないように）　・色や形の違う図形板

方　法

◎指示された形まで跳び移る。

◎「トントン…」に合わせてマット上でその場跳びをし，その後指示された形に跳び移る。

Point

　複数でする時には，図形板を多くして「誰が早く見つけるか」の競争をしてもよいでしょう。指示された図形の上にピッタリ止まったら「ピッタリジャンプ賞10点」などの点数をつけると，飽きずに取り組めます。

　遠くまで跳ばせたい時にはマットを使う方が安全です。図形板だけを使う時には，裏に滑り止めを貼りましょう。複数でする時には，ジャンプではなくその場足踏みなど，安全面に配慮しましょう。

28 算 数 分数

ケーキは何個？

~ケーキを切ったり足したり分数学習~

関連する自立活動の内容 ▶ 2-(3)，4-(2)(5)，5-(3)(5)

1 健康の保持
2 心理的な安定
3 人間関係の形成
4 環境の把握
5 身体の動き
6 コミュニケーション

活動の様子

❶ケーキを切る

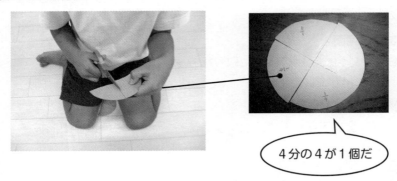

4分の4が1個だ

❷切ったケーキを数える

❸分数の数直線にケーキを置く

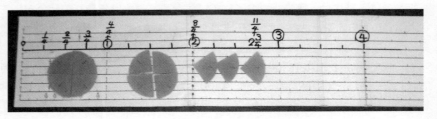

感覚　　ケーキを切る，合わせるなどの操作をしながら手指機能を高める

　分数のたし算はできても，３分の１がどれくらいの大きさが分からない子にたくさん出会ってきました。分数の概念ができていないと，「３分の１と５分の１では５分の１が大きい」と言うことになってしまいます。特に帯分数と仮分数の関係を捉えることが難しい子が多いです。「分数とは１つのものを何個かに等分したうちの〇個分を表す」ことを分からせるために，実際に等分したり，足し合わせたりする操作が有効な場合が多いと感じてきました。実際に操作することは，視覚だけではなく，触覚や固有感覚など多くの感覚を使うので記憶に残りやすいと思います。

活動を行う場面
　算数（自立活動を含む）の時間に取り組みます。

準備物
・円形の画用紙　　・分数の数直線

方　法
◉ケーキ（円形の紙）をはさみで等分に切り分ける。
◉それを合わせながら，「４分の１個が２個で４分の２個…」などの学習をする。この時，４分の４個が１個になることを強調する。
◉ケーキと分数の数直線を照合し，帯分数や仮分数などの関係を確認する。

　実際に切り分けたものを「４分の１，４分の２…」などと言いながらケーキの形にします。この具体物操作の後，分数の数直線と照合することで抽象的な数の理解に移行していきます。
　紙だけではなく粘土などもすぐに切り分けられます。また，ケーキだけではなく，カステラなどの四角いものなどでも操作を経験させたいです。

坂道コロコロ
～ボール転がし，スライムべたべたで角度遊び～

関連する自立活動の内容▶2-(3)，4-(2)(5)，5-(3)(5)

活動の様子

❶ボールを坂道で転がす

2枚の厚紙に
ビニール袋を
貼った坂道

❷坂道の角と平面図を比べる

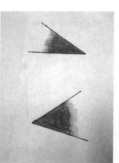

❸左右に違う色を塗った分度器を使って測る

スライム

感　覚　　ボールコロコロで追視能力，スライムで触識別の力をつける

　角の概念はなかなか分かりにくいものです。そこで，坂道を使ってボールを転がして遊んでみました。角度が大きくなるとボールは速く遠くまで転がるので，「角度が大きいと…」など言葉をかけながら取り組ませます。ボールが転がっていく様子を目で追うことは，追視能力を高めます。坂道を緩やかにしたり急にしたりするためには力加減も必要です。ボールを転がした後は，坂道を横にして，平面での角を教えます。2本の直線でできる形が角だと伝えるわけですが，その際は角に色をつけて見える形にすると分かりやすいようです。また，角度の測定に使う分度器は左右から読めるようになっていますが，これが測定を難しくしてしまう要因になっている子もいます。そこで，❸の写真のように左右に違う色を塗り，基線に合わせた方の色の角度を読むようにしました。これで，測定がしやすくなった子もいます。

活動を行う場面
　算数（自立活動を含む）の時間に取り組みます。

準備物
　・可動できる坂道（自作）とボール　　・色つき分度器　　・スライム

方　法
◎坂道をいろいろな傾きにしてボールを転がして遊ぶ。
◎坂道を横にして，平面での角と同じであることを学習する。
◎スライムなどで角を作って測る。

Point

> 「2本の直線でできる形が角である」ということを強調するためにも，鉛筆2本の間にスライムをはさんで角を作るといいです。簡単に角ができます。特別支援学級だからこそ，色つき分度器等の支援グッズを取り入れたいものです。

1 健康の保持
2 心理的な安定
3 人間関係の形成
4 環境の把握
5 身体の動き
6 コミュニケーション

角度遊び

～粘土を足したり引いたり角度遊び～

関連する自立活動の内容▶2-(3)，4-(2)(5)，5-(3)(5)

活動の様子

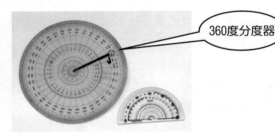

360度分度器

❶粘土を円形にする

❷分度器に粘土をのせる

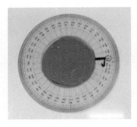

❸角度を足したり引いたりする

感 覚　　粘土を丸めて平たくして固有感覚を入れながら操作性を高める

　180°までの角度の測定はできるようになっても，角度が180°を超えるとどのように測ればよいのか迷う子も多いです。そこで，まずは360度分度器を使って，180°以上の角度の大きさを知らせます。その後，円形にした粘土をのせて，角度を切って抜いたり，足したりします。この操作を通して180°を超える角度は，360°から引いても，180°に足しても求められることを実感させます。角度などの学習にはデジタル教科書を使うと分かりやすく，準備も簡単です。ただ，粘土を使うと新奇性があって遊び感覚で学習できますし，定規などで粘土を切る活動は楽しいものです。何より自分の五感を使うことは，脳を含めた全体的な発達を促すと思います。粘土を丸めたり平たくしたりすることで，手指の触覚や固有感覚に刺激を入れ，操作性を高めることにもつながります。たまにはアナログの指導も必要ではないでしょうか。

活動を行う場面

　算数（自立活動を含む）の時間に取り組みます。

準備物

　・360度分度器　　・粘土

方 法

◎粘土を丸めて平たくして円形を作る。
◎360度分度器にのせる。
◎粘土を切って取り除き360°から引けることや，180°を超える分の角度を
　180°に足せることなどを学ぶ。

Point

　角が2本の直線でできる形であること，直線の開きの程度が角度であることを確認してから，取り組みましょう。

傾いたら危ないよ！
～安全な家を作って垂直と平行の学習～

関連する自立活動の内容 ▶ 2-(3)，4-(2)(5)

活動の様子

❶傾いているところを見つける

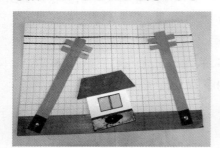

❷家や電柱をまっすぐに立て直す

❸鉄棒と平行にぶら下がる

感 覚 　模型を動かしながら，力加減と手の操作性を高める

　垂直と平行は子ども達が苦戦する概念です。垂直は２本の直線が直角に交わることで，平行とは２本の直線をどこまで伸ばしても交わらないことだと言葉では分かっていても，２本の直線の関係が実感できにくいようです。この活動は可動式の家や電柱の模型を操作しながら，地面と家や電柱，電柱と電線，電線同士等の関係を捉える中で，２本の直線の関係性を捉えることをねらっています。見て捉えるだけでなく模型を動かすことで，触覚や固有感覚などを含めた多くの感覚を使いながら垂直と平行の関係を実感してもらいたいと思います。

活動を行う場面
　算数の時間に取り組みます。

準備物
　・家と電柱の模型　　・鉄棒の模型　　・三角定規

方 法
⚫傾いている家や電柱をまっすぐにする。
⚫地面と，家や電柱との角度を三角定規で測る。垂直や平行の言葉を知り，垂直や平行になっているところを探す。
⚫鉄棒の模型を使って，垂直や平行の関係にある２つの直線を探す。

Point

　この学習は平行四辺形などの四角形の理解を深めることにつながります。模型で学習した後には，模型を直線で表して２本の直線の関係を捉えさせると理解も深まると思います。
　一斉指導の時は，黒板でマグネット付きの絵を操作させるといいです。

ビルを作ろう
～スポンジビルを切って作って体積学習～

関連する自立活動の内容▶ 2-(3)，4-(2)(5)，5-(3)(5)

1　健康の保持
2　心理的な安定
3　人間関係の形成
4　環境の把握
5　身体の動き
6　コミュニケーション

活動の様子

❶スポンジを切る

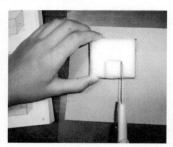
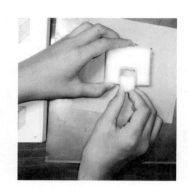

❷スポンジを組み合わせる

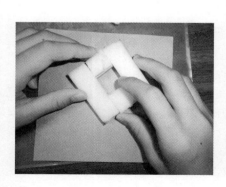
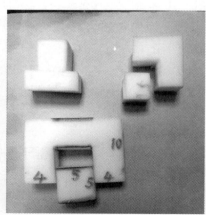

感　覚　　スポンジを切ったりくっつけたりして手の感覚や操作性を高める

　体積を求める公式は覚えていても，平面図形から求積することが難しい子がいます。平面で描かれた立体図形を，頭の中でイメージしながら操作しにくいこともその理由です。視知覚に課題のある場合は，特に頭の中で物体を操作する等のメンタルローテーションが難しいことがあります。そのような場合，実際に立体を操作させることから始めてみましょう。立体を操作することは，体性感覚（触覚や固有感覚）を視覚と関連付けやすくし，メンタルローテーションを発達させやすいとも言われています。具体物を操作するには清掃用具のメラミンスポンジを使うと便利です。カッターで簡単に切ることができ，切った部品がくっつくので操作しやすいからです。映像で見るだけよりは，実際に操作することで手の操作性を高めます。普段触る経験が少ないものに触れることで触覚刺激も取り入れることができ，手の判別力を向上させる一助になるでしょう。

活動を行う場面
　算数（自立活動を含む）の時間に取り組みます。

準備物
・メラミンスポンジ　　・カッター

方　法
◉平面図形を見て，メラミンスポンジを切る。
◉切った部品を操作したり，長さを書いたりしながら，求積する。

Point

　カッターを使うので安全に気をつけましょう。安全面で気になる時や切らせる時間がない時には，先生が切ったものを準備しておいて，しっかり操作をさせるようにしましょう。

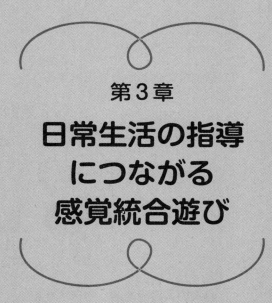

第3章

日常生活の指導
につながる
感覚統合遊び

01 **身辺処理** 着替え

1	健康の保持
2	心理的な安定
3	人間関係の形成
4	環境の把握
5	身体の動き
6	コミュニケーショ

だまって伝言
～体の名前が分かる体を使った伝言ゲーム～

関連する自立活動の内容▶3-(4)，4-(2)(4)，5-(3)(5)

活動の様子

❶自分の体を触って伝言する

❷次の人の体を触って伝言する

感 覚　　体の部位を触って体を意識したり，触覚過敏を軽減したりする

　触られることを嫌がる触覚過敏の子がいます。触覚過敏があると生活の中でも辛い思いをすることがあります。触覚過敏は触って分かる力（触識別）が育つとその苦手さが目立たなくなると言われています。この活動では楽しい雰囲気の中で自分の体を触ったり触られたりして体を意識し，触識別の力をつけることを目指します。また，体の名称とともに体の部位に触れて意識付けることで，身体図の形成もねらっています。

活動を行う場面

　自立活動や遊びの指導で行います。複数で取り組む際には，グループ対抗にすると意欲が出るでしょう。

準備物

・指示を書いた紙

方 法

◎「肩→ひざ」等の指示を覚え，それを自分の体の部位を触って次の人へ伝言する。次々に伝えていき，最後の人が皆の前で発表する。

◎先生の指示を覚え，それを次の人の体の部位を触って，次々に伝言する。

Point

　触覚過敏がある場合，人から触られるのは苦手でも，自分で自分の体を触ることは平気なものです。まず，自分の体を触って，指示を次の人へ伝える伝言ゲームから始めましょう。触られることに抵抗感がある時には，無理強いは禁物です。友だちがしているところを見せて安心させてください。
　伝言ゲームに慣れてきたら「背中ポンポン，肩ポン…」など，指示を複雑にしてみましょう。短期記憶の力を鍛えることにもなります。

1　健康の保持
2　心理的な安定
3　人間関係の形成
4　環境の把握
5　身体の動き
6　コミュニケーショ

02　身辺処理　着替え

タッチタッチ
〜体に目を向ける力をつけ，整える身なり〜

関連する自立活動の内容▶1-(5)，3-(4)，4-(2)(4)，5-(5)

✎ 活動の様子 ✎

❶早くタッチしよう

①バトンを持って立つ　　　②指示された相手の部位を早くタッチする

❷間違えずにタッチしよう

感　覚　　相手を見ながら相手の体に素早くタッチする敏捷性を養う

　　自分の体の名前が分かったり，体の形や大きさをイメージしたりできると「地理的身体図ができてきたね」と言います。これは，服の着脱や身だしなみを整える時などに必要です。さらに，体をうまく動かしたり，文字を正しく書いたりする等，行動面，学習面ともに必要な力でもあります。発達に偏りがある子は，身体図が十分に育っていないことがあります。そのような子にこの活動はおすすめです。これは楽しくゲームをすることで体の名前を覚えるとともに，右手や左肩等の体の左右などの方向も学びます。ただ，自分の体の左右は分かっても，相手の体の左右は分かりにくいことがあります。その時は先生自身が体の向きを変えるなどして教えてあげるといいかもしれません。

活動を行う場面

　　自立活動や遊びの指導の時間に取り組みます。集団でも楽しめます。

準備物

・当たっても痛くないバトン（プチプチシートや紙を丸める）

方　法

●バトンがお互いの体に届く距離に向き合って立つ。「おなか！」等の指示が出たら，相手の「おなか」をタッチする。早くタッチした方が勝ち。

●「かかかーかた」など，体の部位の名前を言われた時だけ，その部位にタッチする。「かかかーかさ」などのフェイントをかけると楽しい。

Point

　　タッチタッチゲームを広い場所でする時は，「逃げてもよい」ルールにするとおにごっこみたいで運動量も上がります。狭い場所でする時は，フープなどを置いて「フープから出ない」というルールにすると安全です。

身辺処理

03 身辺処理 着替え

1	健康の保持
2	心理的な安定
3	人間関係の形成
4	環境の把握
5	身体の動き
6	コミュニケーショ

たくさん貯金するよ！
～コイン遊びでボタンかけの基礎作り～

関連する自立活動の内容 ▶ 5-(3)(5)

≫ 活動の様子 ≪

❶コインを入れて反対の手で引き抜く

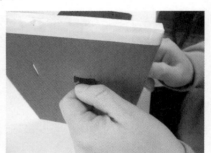

❷コインを音の出る貯金箱に入れる

※写真立てに縦と横向きに穴を
あけたフェルトを貼ったもの

感　覚　コインをつまんで引っ張り出して，両手の協調運動の力と指先の
　　　　細かい動きを身につける

　この活動は，指先でつまんで引っ張り出すので指先の力をつけることになり，はさみや鉛筆などの道具をうまく使う力を育てます。コインをつまんで穴に入れたら，反対の手で引っ張り出すという両手の協力が必要なので，手先の器用さだけでなく両手協調の力もつけます。引っ張り出したコインは音の出る貯金箱等に入れると楽しいですし，コインを使うと「たくさん貯金しよう」等の目的意識が持たせられます。この教材はフェルトを固定しているので，コインを入れる穴もある程度固定されています。そのため，服のように不安定なボタン穴よりはコインが入れやすくなっています。ボタンかけ練習の前段階として，楽しみながら取り組めます。

活動を行う場面

　日常生活の指導や自立活動で行います。服を着る前に練習すると，効果が上がると思います。

準備物

・100円ショップの写真立て　・フェルト　・ボンドとテープ　・大小のコイン（ボタン）　・コインを入れると音の出る入れ物

方　法

◎穴にコインを入れ，入れた手と反対の手でコインを引っ張り出す。
◎引っ張り出したコインを音の出る貯金箱等に入れる。

Point

　フェルトを写真立てに貼る前に，二つ折りにしてはさみで直線に切ると簡単に穴があきます。縦向きと横向きの穴をそれぞれ大中小とあけておくと，大きいコインから小さいコインまで練習できます。

04 **身辺処理** 着替え

1 健康の保持
2 心理的な安定
3 人間関係の形成
4 環境の把握
5 身体の動き
6 コミュニケーション

お花を咲かせよう
～楽しみながらボタンかけの練習～

関連する自立活動の内容▶5-(3)(5)

活動の様子

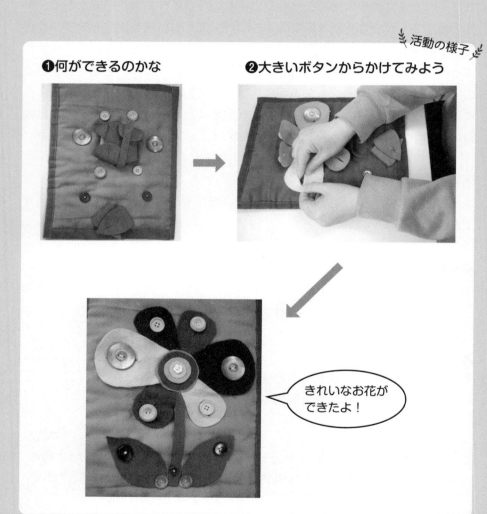

❶何ができるのかな

❷大きいボタンからかけてみよう

きれいなお花が
できたよ！

感　覚　　ボタンかけ練習で指先の感覚を研ぎ澄まし，器用さを高める

　　洋服のボタンかけが難しい場合は，ボタンとボタン穴がよく見えるように
して練習すると早くできるようになります。洋服を着たままではボタンとボ
タン穴の関係を視覚的に捉えにくいので，指先の感覚や手の操作に頼るとこ
ろが大きいです。ですから，不器用さがある子には，ボタンとボタン穴が見
えるようにして，つまみやすい大きいボタンから練習させたいものです。こ
の教材は大きいボタンから小さいボタンまであります。全部ボタンをかける
とお花が咲くようにできているので，楽しみにもなります。

活動を行う場面

　　日常生活の指導や自立活動で行います。

準備物

・フェルトで作ったボタンかけ練習用の教材（手作り）

方　法

◎フェルトを花びらや葉の形に切り，カッターでボタン穴をあける。大きい
　ものから小さいものまでボタンを縫い付けて花の形にする。
◎「何ができるかな？」などと声をかけながら，大きい方からボタンをかけ
　ていき，お花を完成させる。

Point

　　ボタンかけができるようになった子でも，手の操作性を高める練習として使
えます。その場合は，お花を咲かせるまでの時間を計り，早くできるようになる
ことを目標にします。
　　ボタンかけ練習にフェルトを使うと，カッターで切るだけで済みます。ボタ
ン穴かがりもしなくてよいので簡単に作れます。

手形足形すごろく
～手形足形を探して体の左右を知り，正しい靴履き～

関連する自立活動の内容▶1-(5)，4-(2)(4)(5)，5-(1)(3)(5)

活動の様子

❶スタートに立つ

❷「右手」等の指示に合わせて右手を置く

❸早くゴールした人が勝ち

感　覚　　手足の左右を覚えながら，体の軸も作る

　中学年になっても左右の靴を反対に履いて，平気でいる子もいます。反対に履いても違和感を持てないような，感覚レベルでのつまずきがある子もいるのかもしれません。靴の形は，左右で少し違います。そこで，まずは左右で足の形が違うことを，この活動で意識付けてみましょう。それから，足の形によって靴の形も異なることを教えていきたいです。この活動は，尻もちをつかないように手足を踏ん張って体を支え続ける必要もあるので，くにゃくにゃしたような姿勢の子の体の軸を作るもとになるでしょう。

活動を行う場面

　自立活動や遊びの指導の時間にします。２～３人でするると楽しいでしょう。

準備物

・左右の手形足形　　・左右の手足の名前を書いたカード

方　法

◎指示「右手」を聞いて，右手の形を探して右手を乗せる。
◎右手を乗せたまま，次の指示の形を探して指示された部位を乗せる。
◎上記を繰り返して，早くゴールすることを目指す。

> *Point*
>
> 　すごろくゲームのようになっています。「右手」と言われたらその手形を探して右手を乗せます。そのままの姿勢で，次に指示された形を探して乗せるという具合にゴールまで進みます。早くゴールするためには，ゴールに近い方の形を探して進むなど，策を練る必要もあります。手形足形はシートに貼らなくてもできます。その場合は裏に滑り止めを貼ると安全です。

ステキなちょうちょう作り
～いろいろなひもで取り組むちょうちょう結び～

関連する自立活動の内容▶5-(3)(5)

1 健康の保持
2 心理的な安定
3 人間関係の形成
4 環境の把握
5 身体の動き
6 コミュニケーション

☆ 活動の様子 ☆

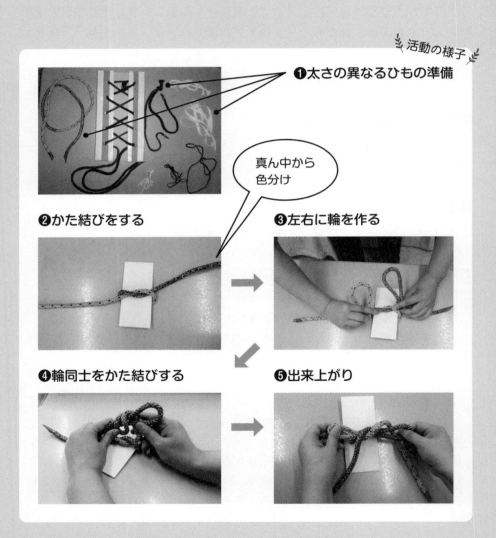

❶太さの異なるひもの準備

真ん中から色分け

❷かた結びをする

❸左右に輪を作る

❹輪同士をかた結びする

❺出来上がり

感　覚　　いろいろな触覚刺激を体験しながら手の協調運動の力をつける

　高学年になっても靴ひもが結べずに，「中学校に入って運動靴のひもが結べるのだろうか」と心配している子がいます。そのような子には，太いひもから練習して少しずつ細くしていき，靴ひもが結べるようにしています。ひもの半分ずつを色分けして左右が分かるようにしたり，やり方を実態に合わせて変えたりすることによって，多くの子がちょうちょう結びをできるようになります。靴ひもが結べず，いつもひもを結んだ状態のまま靴を履いたり脱いだりしていた子が，結べるようになった嬉しさで何回も靴ひもを結んだりほどいたりしている姿を見てきました。難しい靴ひもを何回も練習するよりは，太くて色分けしたひもから練習していく方が楽にできます。

活動を行う場面

　日常生活の指導場面や自立活動の時間に行います。集中的に指導すると効果が大きいでしょう。

準備物

・半分から色分けした太さの異なるひも　・ひも結び練習用具（なくてもOK）

方　法

◉全体の長さの半分ずつを違う色にした太さの違うひもを用意する。かた結びをして，左右それぞれ輪を作り，輪同士をかた結びする。

Point

　特別支援学級に在籍している子の中には，縄跳びの縄を結べない子もいます。気をつけて見てあげたいです。
　ちょうちょう結びの結び方は一通りではありません。子どもの実態に合わせて結びやすい方法で教えてあげましょう。

07 **身辺処理** 洗濯・掃除

1 健康の保持
2 心理的な安定
3 人間関係の形成
4 環境の把握
5 身体の動き
6 コミュニケーション

ライオンのたてがみ
～雑巾を洗濯ばさみではさめるようになる練習～

関連する自立活動の内容▶5-(3)(5)

活動の様子

❶洗濯ばさみをはさもう

❷プッシュポップにはさんでも楽しい

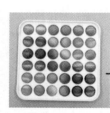 

❸洗濯ばさみをブロックにしたら…

感 覚　　指先に固有感覚刺激を入れパワー充電，つまむ動作を向上させる

　洗濯ばさみをはさんだり取ったりする動作では，親指，人差し指，中指の三指を使います。この三指は鉛筆などの道具を操作する時にも活躍するものです。三指がうまく使えなかったり，力加減が難しかったりすると，不都合が起こることがあります。それは，描きたい形がうまく描けなかったり，ミミズが這うような頼りない文字になってしまったり，反対に力が入りすぎてカクカクした文字を書いてしまったりするなどです。遊びの中でしっかり三指を使って，手指の操作性を高めたいものです。

活動を行う場面
　遊びの指導や自立活動の時間にできます。

準備物
・動物などの絵　　・いろいろな洗濯ばさみ　　・プッシュポップ

方 法
◎洗濯ばさみをはさんでできる絵に，洗濯ばさみをはさんで絵を完成させる。
◎プッシュポップにもはさんで遊ぶことができる。全部にはさんだ時間を競うと，ゲーム感覚でできる。
◎洗濯ばさみをブロックのように使うこともできる。

Point

　洗濯ばさみには，いろいろな材質，形，大きさのものがあります。手触り（触覚）や力加減（固有感覚）を経験させるために，いろいろな洗濯ばさみを用意するといいかもしれません。
　教室にいろいろな洗濯ばさみを用意しておくと，ブロック代わりにしたり，教材をはさんで立てたり，上から吊るしたりと，多々活用できます。
　指先で洗濯ばさみをつまませるようにすると，より指先の力が育ちます。

ダブルでドボン
~身支度が上達する両手使いの練習~

関連する自立活動の内容▶3-(4)，5-(3)(5)

活動の様子

❶洗濯ばさみで，ダブルでドボン

❷タオルで，ダブルでドボン

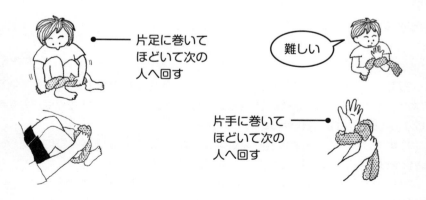

片足に巻いて
ほどいて次の
人へ回す

難しい

片手に巻いて
ほどいて次の
人へ回す

感　覚　　片手で支えてもう１つの手で操作しながら両手協調の力をつける

　両手協調の力を高めるために，クラスみんなで楽しむ集団遊びはいかがですか。「洗濯ばさみ10個を外してはさんでお隣へ回す」ゲームです。２つが重なるとドボンとなるので，重ならないように速く操作しなければなりません。ハラハラドキドキ，盛り上がりながらも手指の力をつける一石二鳥のゲームです。洗濯ばさみの他にも「タオルを足や手に巻いてほどいてお隣へ」のゲームはいかがでしょう。足に巻く時は両手が使えますが，手に巻く時は片手しか使えないので四苦八苦する子がいるかもしれません。

活動を行う場面

　遊びの時間や自立活動の時間だけでなく，学習が早く終わった時やがんばった後のご褒美ゲームとしてもできます。

準備物

・洗濯ばさみ20個　　・洗濯ばさみをはさむ色板など（２枚）　　・タオル

方　法

◎色板と洗濯ばさみ各10個を２か所から同じ方向に回す。色板が回ってきたら，洗濯ばさみを色板から外したりはさんだりして，お隣へ回す。２枚の色板が同時に来た人がドボンとなる。

◎タオル２枚を上記と同じように回す。回ってきたら足に巻いてほどいてお隣へ回す。足だけでなく，手や首などへと変化を持たせると飽きない。

Point

　「ドボンになった人は罰ゲーム」と決めると，ハラハラ感が増します。罰ゲームを負担に感じる子もいるので，配慮がいるでしょう。
　時間がない時には，色板を１枚使います。タイマーをセットして，時間が来た時に持っていた人がドボンと決めるのはいかがでしょう。

09 **身辺処理** 掃除

1	健康の保持
2	心理的な安定
3	人間関係の形成
4	環境の把握
5	身体の動き
6	コミュニケーショ

○△□取りゲーム
～雑巾がけが上手になる形板取りゲーム～

関連する自立活動の内容 ▶ 1-(5)，3-(4)，4-(2)(5)，5-(1)(3)(5)

活動の様子

❶音楽に合わせてはいはい

❷指示に合わせて形板取り

❸クマさん歩きで

> 赤い四角，取った。
> アウトだよ！

感　覚　　はいはいをしながら腕や手の力をつけて，手の器用さを高める

　赤ちゃんの発達を大まかに見ると，首すわり，寝返り，ずり這い，四つ這い，高這い，そして歩行へと向かっていきます。しかし，体の動きに課題がある子は，はいはいをしないで歩き出すことも珍しくありません。はいはいのように両手両足を交互に動かしたり，両手両足が交差したりするような動きを経験しないまま歩き出すと，全身の協調運動に課題が出ることもあります。はいはいをする時に手で体をしっかり支えることで，手の筋肉が分化してその後の器用さにもつながると言われます。乳幼児期に十分はいはいをしなかった子達にこの遊びはいかがでしょう。両手両足だけでなく，お腹や背中の筋肉もしっかり働きます。「きつい！」と言う子もいるかもしれませんが，楽しくなると少しぐらいきつくても，ついやってしまうかもしれません。

活動を行う場面

　雑巾がけの練習にもなるので日常生活の指導や自立活動の時間にします。

準備物

・形板やカード等の取って集められるもの　　・CD プレーヤー

方　法

◎音楽に合わせて形板の回りをはいはい（四つ這い）する。

◎音楽が止まり「三角」などの指示があったら，指示された形板を取る。取った形板は自分の場所に置いておく。

◎クマさん歩き（高這い）でもやってみる。

Point

　指示は子どもの実態に合わせて，形や色の他，「赤い三角」等，複数の要素を持ったものにします。また，はいはいの他にもアヒル歩き，キリン歩きなど，いろいろな動物になって歩くと，体の動きもいろいろ学べます。

どのロケットが一番？
～手にパワーをためて上手になる工作や書字～

関連する自立活動の内容▶4-(2), 5-(3)(5)

1 健康の保持
2 心理的な安定
3 人間関係の形成
4 環境の把握
5 身体の動き
6 コミュニケーショ

活動の様子

❶キャップにクリップを付け，
ロケットを作る

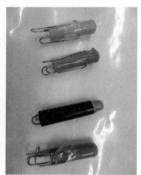

❷水を入れたペットボトルに
ロケットを入れて押す

❸ボトルを押す力を緩めて
沈めたロケットを発射する

感　覚　　しっかり押して手指に力を入れ，指先の筋肉を強くする

　不器用さが見られる子には手や腕の筋緊張が低いため，手や腕に力を入れ
たり安定させたりすることが難しい場合があります。そのため，はさみでし
っかり切れなかったり，粘土をちぎれなかったり，プリンカップのふたを開
けられなかったり…と困ってしまうことも多いものです。この活動では両手
でグーッと力を入れ続けることが必要なので，手指の筋緊張を高め，手指の
動きが捉えやすくなります。ペットボトルを強い力で押してロケットを水中
に沈め，手を離すとロケットが上がってきます。「どのロケットが一番速い
か」などを予想しながら取り組むと，期待感も膨らんでギューッと押したく
なるでしょう。

活動を行う場面

　自立活動や遊びの指導の時間などにできます。書字や図工の前に行うと，
手指の感覚が目覚めやすくなり，手の動きもよくなるでしょう。

準備物

・マーカー等のキャップ　　・ゼムクリップ　　・柔らかいペットボトル

方　法

◎キャップにゼムクリップを２～３個付けて，ロケットを作る。

◎水を入れたペットボトルに，ロケットを水が入らないように入れる。ペッ
　トボトルを両手で力いっぱい押して，ロケットを水中に沈める。

◎どの色のロケットが一番速いかを予想して，手を離す。

Point

　キャップに付けるゼムクリップの大きさや数は，実際の浮き沈みの様子を見
ながら加減してください。子ども１人でロケットを水中に沈めるだけの力がない
時には，大人が手を貸してあげましょう。

手の動き

11 手の動き 生活動作

1 健康の保持
2 心理的な安定
3 人間関係の形成
4 環境の把握
5 身体の動き
6 コミュニケーション

水鉄砲遊び
〜小さい水鉄砲で遊んで手の器用さアップ〜

関連する自立活動の内容▶ 4-(2), 5-(3)(5)

活動の様子

❶ランチャームのふたを開けて水を入れる

指先で開けるんだね

❷水を入れたランチャームをたくさん用意して水飛ばし競争

水鉄砲だ！よく飛ぶよ

感　覚　　小さいものをつまんで回したり，しっかり押したりする力を育てて，手指の器用さを高める

　子ども達が大好きな水遊び。中でも水鉄砲は狩猟本能が働くのか，好きな子が多いですね。市販の水鉄砲も手の力をつけるためには役立つのですが，もう少し細かい動きを学ばせたい時には，ランチャーム（魚型の醤油入れ）やプール用のおもちゃを使ってみましょう。ランチャームはふたが小さいので，細かい手指の動きを必要とします。水を入れたり，水を飛ばしたりする時には指先の強い力が必要なので，指先の力もつきます。また，小さい水鉄砲で水を遠くへ飛ばすためには，腕全体を振るのと同じタイミングでランチャームを持っている指先に力を入れなければならないので，動作のタイミングも学ぶことができます。

活動を行う場面

　遊びの指導や自立活動の時間にできます。

準備物

・ランチャームやプール用のおもちゃなど

方　法

◎ランチャームなどに水を入れて，水飛ばし競争などをする。100円ショップには水をかけると色が変わる的もあり，飛ばして当てる目標がはっきりし，当たったことがよく分かるので楽しめる。

Point

　ランチャームのふたはできるだけ三指（親指，人差し指，中指）で開け閉めするようにしましょう。お箸や鉛筆などの使い方の基礎となります。
　ランチャームいっぱいに水を入れるためにはコツがいります。それを自分で見つけられたらいいですね。

手の動き

12 手の動き 生活動作

1	健康の保持
2	心理的な安定
3	人間関係の形成
4	環境の把握
5	身体の動き
6	コミュニケーション

ビー玉コロコロ
～ゆっくり転がしながら物の持ち運びの練習～

関連する自立活動の内容▶3-(4), 5-(3)(5)

活動の様子

❶左右の印まで玉を横に往復

ラップの芯を半分に切る

❷縦に持って印まで往復

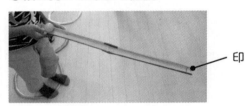

印

❸玉を次々に送る

感　覚　　支え続ける腕の力と左右の腕の微妙な力の入れ具合を学ぶ

　　レールから落とさないようにしながらビー玉を往復させるには，左右の手を水平に保ち，左右交互に少しずつ上下に動かさなければなりません。この時には手や腕などの筋肉が収縮しながら，わずかな力加減を感じ取る固有感覚が働いています。また，ビー玉が印のところまで転がる様子を目で追うので追視の力もいります。ビー玉が印のところに来たら，すぐに手を上に上げないと落ちてしまいます。手を上げるタイミングが重要です。この活動はビー玉を転がすだけの遊びですが，多くの感覚刺激を得ながら体の動きを学べます。

活動を行う場面

　　自立活動や遊びの時間に行います。個別でもできますが，複数で行うと相手の動きを参照して，それに合わせるというソーシャルスキルも学びます。

準備物

　・ラップの芯　　・ビー玉等の小さい玉

方　法

◎ラップの芯を縦半分に切り，両端に印をつけたものを作る。それでビー玉を転がし，印のところまで往復させる。指定の回数だけ横に往復させる。

◎縦に持って往復させることもできる。

◎ビー玉を落とさないようにしながら隣の人へ次々にビー玉を送っていく。

⚘ *Point* ⚘

　　ビー玉が印のところまで確実に届くようにします。ビー玉を落とすことなく何回往復できるかを競うとゲーム性が増します。
　　転がす玉は，ビー玉だけでなくプラスチックの玉など，材質を変えたり，大きさを変えたりすると，難易度が変わります。

手の動き

13 手の動き 給食

1	健康の保持
2	心理的な安定
3	人間関係の形成
4	環境の把握
5	身体の動き
6	コミュニケーション

箸ばさみ競争
~楽しくお箸の使い方を練習~

関連する自立活動の内容▶3-(4)，5-(3)(5)

活動の様子

❶お料理ごっこ

❷お箸で移そう

❸トングでふわふわボールのせ

持ちやすい工夫のある多種多様のお箸。
通常箸に移行しやすいものも。

感　覚　　楽しくお箸を使って，三指の使い方を向上させる

　給食の様子を見ていると，お箸ではさんで食べるものでも突き刺して食べたり，握り箸で掻き込んだりしている子がいます。食事マナーの面からも好ましくありませんが，それだけでなく，お箸を使うことに精いっぱいで食事を楽しんでいるのかなと心配にもなります。お箸をうまく使うためには，手指の動きや力加減などを正しく感じ取る力が必要です。さらに，親指，人差し指，中指をうまく動かすことも大切です。体の安定性ができて末梢の手指の動きも上達すると言われています。ですが，小学生では体が不安定でも，重点的にお箸の使い方を指導した方がよいのではないかと思います。運動遊びもしっかり取り入れながら，楽しくお箸の使い方を学んでほしいです。

活動を行う場面

　日常生活の指導や自立活動などで行います。しっかり体を動かした後に，細かい動きを必要とする課題をした方が効果が上がると言われています。

準備物

・いろいろなお箸　　・はさんだりつまんだりするのに必要なもの

方　法

◎フライパンで料理ごっこをしながら遊んでみる。

◎いろいろなものを，早く移し替える競争をする。

◎ふわふわボールを大型ストローの上にお箸やトングでのせる。

Point

　楽しく食べるために，使いやすい矯正箸を使ってもいいのではないでしょうか。ばねが付いていて手指の固有感覚に働きかけるもの，指を置く位置がへこんでいて指が置きやすいものなど，いろいろあります。普通の箸に移行しやすいものを選んで使えるといいですね。

14 口の動き 給食・発音

ストローを吹くと？
～食べ方上手になる，ビニール袋膨らませ～

関連する自立活動の内容▶4-(2)，5-(3)(5)，6-(1)

1	健康の保持
2	心理的な安定
3	人間関係の形成
4	環境の把握
5	身体の動き
6	コミュニケーショ

活動の様子

❶袋を膨らませて作ろう

❷風車を回そう

❸吹きゴマを回そう

感　覚　　強く長く吹き続けて呼吸筋や口腔周辺の筋緊張を高める

　給食を食べこぼしたり，食べ終わるまでに時間がかかったり，はっきりした発音で話せなかったりする子の中には，口腔周辺の，筋緊張が弱かったり協調運動が苦手だったりする子もいます。体の協調運動の中でも最も高度な働きが必要なものが，手や口の運動です。口の動きは手と違って自分の目で確かめることができないのでさらに難しくなります。感覚の入力や処理の仕方につまずきがあると，自分の体の動きを正しく捉えることができず，口を使う活動に苦労することがあります。この活動では息を長く吹き続けることで，肺から口までの呼吸筋や口腔周辺の筋緊張を高めることや，吹きゴマをうまく回すための息の吹き方などを学ぶことをねらっています。

活動を行う場面

　自立活動等の時間に作って遊ぶと，手の操作性も高められます。その後は，休み時間や興奮している時に遊ぶと，落ち着いて学習に取り組めます。

準備物

・ストロー　・ビニール袋やビニール手袋　・紙コップ　・セロテープ

方　法

●吹き遊びのおもちゃを作って遊ぶ。

口は体の中心の部分，右半身と左半身の真ん中にあります。しっかり口を使うことは体の真ん中を意識することにつながるそうです。しっかり息を吹き続けて体の真ん中を意識させてみましょう。

口は食べる，話すためにあるだけではなく，気持ちを落ち着かせ集中力を上げるためにも役立ちます。イライラした時に硬いお煎餅をポリポリ食べて落ち着いたり，ガムを噛んで集中力を上げたりするようなものですね。

お茶をどうぞ
～給食のトレー運びが上手になる線上歩き～

関連する自立活動の内容▶5-(1)(3)(5)

1　健康の保持
2　心理的な安定
3　人間関係の形成
4　環境の把握
5　身体の動き
6　コミュニケーション

活動の様子

❶まっすぐな道を歩いて

❷くねくね道を歩いて

ペットボトルをしっかり見ながら，ロープも見るんだね

感 覚　　手や腕を調整しながらの線上歩行で，体や目の動きを上達させる

　トレーの上にのせたペットボトルを運ぶ時には，ペットボトルが落ちないように手や腕を固定しなければなりません。しかも線からはみ出さないように線を見ながら歩くことも必要です。手や腕だけでなく，目の使い方も大切です。目には中心視と周辺視の働きがあるそうです。ここでは，中心視と言われるところでペットボトルを見て，その周辺でロープを見ながら歩くことになります。本を読む時のことを考えてみてください。読まなければならない部分を中心でしっかり捉えながら，周辺で次の行辺りを見ていませんか？この目の働きがあるので，スムーズに行変えができたり，流暢に読んだりすることができるのでしょうね。この中心視と周辺視の使い方が難しい子がいます。給食のトレーを運んでいる時に人や机にぶつかる子は，もしかしたら体の動きとともに目の使い方も難しいのかもしれません。このような子にはこの遊びのような活動をやってみてください。

活動を行う場面

　日常生活や遊びの指導の時間，自立活動で取り組みます。リレー形式にして，クラスのみんなで取り組むと楽しいでしょう。

準備物

・ロープなど　・トレー　・ペットボトル

方 法

◎トレーにペットボトルをのせて，ロープなどの線上を歩く。

Point

　トレーにのせるものによって難易度が変わります。軽いものだと持っていることを感じにくいため，より難しくなります。トレーにのせるペットボトルの本数を増やしたり，中に水を入れたりと条件を変えてみましょう。

目や体の動き

16 目や体の動き 衝動・多動

1 健康の保持
2 心理的な安定
3 人間関係の形成
4 環境の把握
5 身体の動き
6 コミュニケーショ

だるまさんがひろった
～静と動の違いを感じて衝動性の抑止～

関連する自立活動の内容▶3-(4), 4-(2), 5-(1)(5)

✦ 活動の様子 ✦

❶フープを拾い集める

> 鬼に見つかった
> から2つ返そう

❷輪投げをする

❸的当てをする

> フープがたくさんあ
> るからたくさん的を
> 倒せるよ

感　覚　　ストップできる体と，じっと動かないで居続ける体を作る

　「だるまさんが転んだ」という遊びはよく知られていて，手軽にできるものです。「だるまさんが笑った」などのふりをつけたり，鬼のところまで行く道（例えばフープを並べたもの）を通るなどの設定をしたりと，バリエーション豊かに応用できます。ここでは，まず，フープで輪投げや的当てをすることを伝えて活動に目的を持たせます。その後，鬼が「だるまさんがひろった」と言っている間にできるだけ多くのフープを拾い集めます。鬼が「だる…」と言い始めたらそれを合図に動き出し，自由に動いてフープを取っていいのですが，言い終わると同時に取るのをやめて静止したままでいなければなりません。じっと動かないでいるためには，体のあちこちの筋肉を持続的に緊張させておく必要があります。多動傾向のある子や衝動性のある子には，もってこいの活動です。

活動を行う場面

　遊びの指導や自立活動の時間にできます。

準備物

　・フープ　・ペットボトル　・輪投げ板

方　法

◉鬼を決める。鬼が「だるまさんがひろった」と言っている間に，フープを集める。鬼が言い終わったら皆は静止する。動いたことが鬼に見つかった人は，フープを２つ戻す。フープがなくなるまで続ける。

◉集めたフープで輪投げや的当てをする。

Point

　「だるまさんがひろった」は，いろいろな形に応用できるので，子ども達の実態に合わせて，変化させてみてください。

目や体の動き

17 **体の動き** 姿勢・多動

ロボット歩き
～落とさないで歩いて，ゆっくり歩く練習～

関連する自立活動の内容 ▶ 5-(1)(5)

活動の様子

❶頭にのせて

❷手にのせて

❸頭や手にのせて

肩や腕にものせて歩こう

感　覚　　バランスをとって優しく歩いて，体の柔軟性を身につける

　体の各部位にのせた物を落とさないようにして歩くためには，感覚の統合が必要です。体が傾いていることを正しく感じ取る力（前庭感覚）や物をのせた部位が下がっていることを感じ取る力（固有感覚や触覚）が働き，体に指令を送ります。脳からの指令によって，物を落とさないようにのせた部位の力加減を工夫したり，関節を曲げたり伸ばしたりするのです。この活動は物を上手に運ぶ力をつけるだけでなく，持続性筋緊張を高めることも目標にしています。物を落とさないようにのせた部位の筋肉を緊張し続けることで，じっくり動くような筋が育つことが期待できます。腕にのせて歩く練習をすれば，鉄棒にぶら下がるような腕の力をつけるもとになりますし，頭にのせて歩くと，首をしっかり保持する力のもとになります。また，のせた部位を意識しながら歩くことになるので，ボディイメージの形成にも役立ちます。

活動を行う場面

　遊びの指導や自立活動の時間に行います。全員同時にできます。

準備物

　・頭にのせるもの　　・音楽が必要なら CD プレーヤー

方　法

◎体のいろいろな部位に物をのせて歩く。

Point

　教室内では，「音楽に合わせてその場で足踏みをする」方法もあります。手のひらだけでなく，肩や腕にのせて歩いてもいいでしょう。どこでも手軽にできます。音楽に合わせて歩く場合は，音を聞いてリズムに合わせながら落とさないように歩くので，より難しくなります。

体の動き

バランス！どんじゃんけん
～バランス力を高めて，落ち着いた行動～

関連する自立活動の内容▶1-(5)，3-(4)，5-(1)(5)

活動の様子

❶バランスをとって慌てないで

❷かかとにつま先をつけながら

感　覚　　じっくり動いて，飛び石から落ちないための体の動きを学ぶ

　どんじゃんけんの遊びはルールも簡単で手軽に遊べます。負けたらすぐに出発しなければならないので目の前の子をしっかり見る必要があり，人を意識する力もつきます。この活動は，ゆっくり動く必要のあるものの上を歩きながら行う，どんじゃんけんです。「歩く」というルールを決めておくと室内でも安全にできます。多動・衝動性のある子には，バランス力を高めたり持続性の筋緊張（転ばないように体の筋肉を緊張し続けること）を強くしたりすることが必要なので，この活動のようなじっくり動く遊びが役立ちます。

活動を行う場面

　自立活動や遊びの指導の時間に，クラス全員で取り組めます。

準備物

・飛び石（高さのあるもの）やフープなど　　・ひも

方　法

◎2チームに分かれる。お互いに1つずつ飛び石を渡って相手の方に進む。相手に出会ったらじゃんけんをする。勝ったらそのまま進み，負けたチームは次の人が出発する。じゃんけんに勝ち進んで相手のゴールの飛び石に乗ったチームが勝つ。

◎かかとにつま先をくっつけながら，ひもの上を歩いてどんじゃんけんをする。これはタンデム歩行と言われ，バランス力も鍛える。

Point

　室内でする時には「走ったり飛び石を抜かしたりすると，次の人に交代」などのルールを決めておくと，じっくり動く経験ができます。
　相手と出会ったら，「ドン！」でハイタッチをしてじゃんけんをすると，お互いに相手を見ながら息を合わせてじゃんけんができるでしょう。

体の動き

1	健康の保持
2	心理的な安定
3	人間関係の形成
4	環境の把握
5	身体の動き
6	コミュニケーション

19 体の動き 衝動・多動

ピタッと止まって！
どんじゃんけん
〜ピタッと止まる力をつけて，抑制力〜

関連する自立活動の内容▶1-(5)，3-(4)，5-(1)(5)

⚘ 活動の様子 ⚘

❶ピタッと止まって！どんじゃんけん

❷ケンケンで進もう

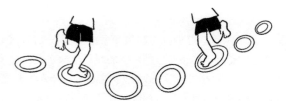

感　覚　　思い切り動いてピタッと止まって，体の抑制力を高める

　衝動性の高い子は，「これ何だろう？」と思うと同時に手を出してしまうことがあります。脳の抑制機能がうまく働いていないと言われています。このような子には，止まろうと思った時にピタッと止まれる体作りが必要です。脳が「止まれ！」と指令を出したとしても，体が言うことを聞けなかったら止まることができないからです。この活動では，ひもなどの上を走っていって，相手に出会ったところでピタッと止まることを経験します。「相手にぶつかったり触れたりしたら負け。次の人と交代する」というルールにしておくと，意識して止まろうとするのではないでしょうか。

活動を行う場面

　自立活動や遊びの指導の時間に取り組みます。

準備物

・ひもなど（運動場では，線を描いてもよい）

方　法

◎２つのチームがそれぞれ走っていき，相手に出会ったところでピタッと止まってじゃんけんをする。ルールは「バランス！どんじゃんけん」と同じ。

◎走る代わりにケンケンで進むどんじゃんけんも運動量が多くなる。

Point

　通常行われるどんじゃんけんは，相手に出会った時に「ドン！」と言いながら手などを叩いてじゃんけんをすることが多いようです。しかし，ここでは「相手に触れないように，ピタッと止まる」ことがポイントになります。
　勢いよく動いて静止するという活動は，いつも動いている多動性のある子にとって，静の状態を感じさせるものです。

体の動き

1	健康の保持
2	心理的な安定
3	人間関係の形成
4	環境の把握
5	身体の動き
6	コミュニケーション

20 **体の動き** 姿勢・多動

ツイスターゲーム
~尻もちをつかずに高める，姿勢の保持力~

関連する自立活動の内容▶1-(5)，3-(4)，4-(2)(4)(5)，5-(1)(5)

活動の様子

❶カードを引いて指示を聞く

右足赤！次は
左手黄色！

❷手足以外のところがシートについたら負け

お尻をついたら
アウトだよ

感 覚　　体が傾いても転ばないように立て直す力をつける

　姿勢を保つためには，体の傾きを感じて転ばないようにまっすぐ立て直すための立ち直り反応，体が傾いても転ばないでいる平衡反応，転びそうになった時にさっと手を動かして体を守ろうとする保護伸展反応と言われる力が必要です。この活動では，お尻をつきそうになったら体をまっすぐに立て直す，倒れそうになったらバランスをとって踏ん張り続ける，もしもの時には手をついて体を守る力などを育てたいです。姿勢保持のための力をつけるのにもってこいの遊びです。

活動を行う場面

　自立活動や遊びの指導の時間に行います。複数ですると楽しめます。

準備物

・ツイスターゲーム用シート（手作り）　・指示カード

方 法

◎先生が指示カード（手足カードと色カード）を引き，「右手赤」などの指示を出す。それに従って，右手を赤の円に置く。

◎右手を置いたまま次の指示に従い，次々に指示に従って手足を置く。置いた手足以外の体の部分がシートについたらアウトになる。

Point

　「誰が，最後まで残れるか」を競うと楽しいです。その際，一度体をついてもやめることなく，もう一度参加できる（最後まで残っても勝利にはならない）ようにすると，全員の活動量が増えます。
　市販のツイスターゲームもあります。ただ，多人数で取り組むものは高価です。レジャーシートに，ラミネートをかけた円形の紙を貼ると安価です。

体の動き

スピード！
～慌てず急いで引き抜いて，落ち着いて聞く力も向上～

関連する自立活動の内容▶3-(4)，4-(2)，5-(1)(5)

1　健康の保持
2　心理的な安定
3　人間関係の形成
4　環境の把握
5　身体の動き
6　コミュニケーション

活動の様子

❶ワードを決める

「だいこん」と言った時だけ引き抜いてね

❷合図を出す

感　覚　　指示をしっかり聞いて，素早くうまく体を動かす力をつける

　この活動は，落ち着いて指示を聞かないと引き抜いていいのか悪いのかが分かりません。衝動性の高い子は，指示を最後まで聞かないで行動してしまうことが多いので，このような活動で最後まで聞くことの大切さを分かってもらいたいです。「最後まで聞きなさい」と何度言っても途中で動いてしまう子も，ゲームだと負けたくないのでしっかり聞くかもしれません。また，指示を聞いて素早く体を前屈させるタイミングや，前屈と同時にタオルを引き抜くタイミングなども経験することができます。うまく速く引き抜くための身のこなし方を学ぶことでしょう。

活動を行う場面

　遊びの指導や自立活動の時間に取り組みます。気分転換にもなります。

準備物

・タオルなどのひも状のもの

方　法

◎引き抜く時のワードを決める。例えば「だいこん」が引き抜く合図だとしたら，「だだだだいこん」と言われた時だけ，引き抜く。速く引き抜いた方が勝つ。合図を出す人は，「だだだだいず」等，似ていることばを言う時があるので，しっかり聞いておく必要がある。

Point

　引き抜く時の合図のワードは，にんじんやごぼうなど，何でもよいでしょう。「みみみみみさこちゃん」など，名前を使うと喜ぶ子もいます。
　引き抜くために下に置くものは，短くなればなるほど，体の使い方が難しくなり，運動量も多くなります。

体の動き

ぐるぐるおにごっこ
～追いかけ遊びで身につける，ルールと巧みな動き～

関連する自立活動の内容▶1-(5)，3-(4)，4-(2)

活動の様子

2＋6で8だから右へ
8個追いかけるよ

❶鬼がサイコロを2つ振る

❷出た目の和の数だけ，左右ど
　ちらからでも追いかけられる

❸タッチされた人が鬼になる

サイコロを振るよ。どちらに行
こうかな？捕まった方が鬼だよ。

感　覚　　相手を見ながらとっさに体の方向転換ができる力をつける

　通常のおにごっこは全速力で追いかけ回すので，広い場所が必要です。しかし，このおにごっこは，円く置いたフープを１つずつ渡りながら円をぐるぐる回るので，室内でもできます。鬼は左右どちらの方向からでも追いかけることができます。逃げる人はどちらの方から来るのか予測できにくいため，鬼の動きをしっかり見ておく必要があります。そして，鬼が右から来たら自分の体を左の方へ即座に向けるというような判断と身のこなしも必要です。また，急ぎながらもフープを踏み外さないようにするためにはバランス力も必要ですし，バランスが崩れた時に立て直す力も必要です。

活動を行う場面

　遊びの指導や自立活動で行います。

準備物

　・フープ　・サイコロ

方　法

◎フープを円く並べ，それぞれ好きなところに立つ。

◎鬼はサイコロを２つ振り，出た目の和の数だけ左右どちらの方向からでも追いかけられる。ただし，鬼も逃げる人もフープを踏みながら進む。

◎鬼にタッチされた人が次の鬼になる。

Point

　４人以上で遊ぶ時には，円の中に直線を引くようにフープを並べて，逃げ道を作ります。また，狭い場所で遊ぶ時には，「フープ上は歩く」というルールを設けると安全でしょう。

体の動き

おしりをドン！
～体操座りからすぐ立てるようになる動き～

関連する自立活動の内容▶1-(5)，4-(2)，5-(1)(5)

1　健康の保持
2　心理的な安定
3　人間関係の形成
4　環境の把握
5　身体の動き
6　コミュニケーション

活動の様子

❶マットの周りを回る

❷合図でマットに座る

感　覚　　座って立って，関節の柔らかさと筋肉の強さをつけよう

　立った姿勢からマットに座る姿勢には，体のバランス力，股，膝，足などの関節を深く曲げる力，下半身の筋肉をうまく使うことなどが必要です。そのためには各関節の柔らかさや協調性，筋肉の張りや強さなどが必要です。また，マットから立ち上がる時にもバランス力や様々な筋肉の働きが必要になります。最近では洋式トイレの普及で，しゃがみ込んだり，そこから立ち上がったりといった動作の経験も少なくなってきました。それだけが原因ではありませんが，体操座りからさっと立ち上がれない子もいます。この活動では，マットにしゃがみ込むように座り，そこから立ち上がる遊びをすることによって，バランス力をつけ，各関節の協調した動きや柔軟性を高めることを期待しています。そして，体操座りの姿勢からでも，さっと立ち上がれるようになってほしいと願います。

活動を行う場面

　自立活動や遊びの指導の時間に行います。短時間でできるので他の活動と組み合わせるとよいでしょう。

準備物

・マット（座れるものなら何でも OK）　・CD プレーヤー

方　法

◎マットの周りを走ったり歩いたりしながら回る。
◎合図でマットにお尻をつける。次の合図で立ち上がって，それを繰り返す。

Point

　筋緊張が低い子は，座ったり立ち上がったりすることが苦手だと思われます。その時はマットに手をついてもよいことにしましょう。

体の動き

おわりに

　本書では，特別支援学級で日々奮闘されていらっしゃる先生方を思い浮かべながら感覚統合遊びを紹介してきました。

　学校現場を離れ，福祉の仕事として，学校を訪問させていただいています。一人ひとり違う子ども達を前にして，担任の先生方のお骨折りを目の当たりにします。だからこそ，お忙しい先生方でもできるような遊びも紹介しています。準備のいらないじゃんけん遊び1つでも，子ども達の意欲や集中力は上がり，発達の根っこも育つでしょう。紹介した遊びは，特別支援学級のカリキュラムに位置付けられている自立活動と関連付けることもできます。関連項目を記しておりますが，子ども達の実態と障がいの軽減のための目標に照らし合わせて柔軟に変更もできるものです。一度，学級で取り入れていただきたいと願っております。

　イラストをお願いした小浜幹子先生は特別支援教育の経験がおありなので，遊びの目的等をよく分かった上で，分かりやすく遊びを紹介してくださいました。本当にありがとうございました。

　出版に当たっては明治図書出版の佐藤智恵様，芦川日和様に大変お世話になりました。感謝申し上げます。

　最後に，多忙な中でも快く手伝ってくれた「発達ルームきらきら」のスタッフのみんな，そして，孫とそのお友だち，ご協力ありがとうございました。

著者　佐藤　和美

参考文献

・佐藤和美著『たのしくあそんで感覚統合─手づくりのあそび100』かもがわ
　出版

・佐藤和美著『感覚統合を生かしてたのしく学習─読む力・書く力を育てる』
　かもがわ出版

・佐藤和美著『感覚統合を生かしたたのしい教室づくり─子どもの力を引き出
　すアイディアあそび100』かもがわ出版

・文部科学省『特別支援学校教育要領・学習指導要領解説　自立活動編（幼稚
　部・小学部・中学部)』開隆堂出版

・喜多好一編著『通級指導教室　発達障害のある子への「自立活動」指導アイ
　デア111　Part2』明治図書

・土田玲子監修，石井孝弘・岡本武己編集『感覚統合Q&A　改訂第2版─子
　どもの理解と援助のために』協同医書出版社

・太田篤志監修，森川芳彦・豊島真弓・松村エリ・角野いずみ・鍋倉功・山本
　隆編著『学童期の感覚統合遊び　学童保育と作業療法士のコラボレーション』
　クリエイツかもがわ

・太田篤志著『手先が不器用な子どもの感覚と運動を育む遊びアイデア　感覚
　統合を活かした支援のヒント』明治図書

・高原光恵「数の直観的把握：発達および障害に関する資料から」鳴門教育大
　学学校教育研究紀要34，93-97，2020

【著者紹介】

佐藤　和美（さとう　かずみ）

熊本大学教育学部養護学校教員養成課程卒業後，福岡市内の小学校，神戸市の盲学校，福岡県内の小学校勤務。通常学級や特別支援学級の担任，通級指導教室の担当を経験する。
現在，2020年10月設立の障害児通所施設；児童発達支援・放課後等デイサービス「発達ルームきらきら」の代表を務める。
言語聴覚士，公認心理師，特別支援教育士（LD・ADHD等）スーパーバイザー，日本感覚統合学会認定セラピストの資格を持つ。
著書に『たのしくあそんで感覚統合』（2008年），『感覚統合を生かしてたのしく学習』（2010年），『子どもの苦手をおぎなう支援』（2013年），『感覚統合を生かしたたのしい教室づくり』（2015年），いずれもかもがわ出版刊。

〔本文イラスト〕小浜幹子

特別支援教育サポートBOOKS
感覚統合の視点を生かした学習遊び
国語・算数・日常生活の指導につながる活動アイデア

2023年2月初版第1刷刊　ⓒ著　者　佐　藤　和　美
発行者　藤　原　光　政
発行所　明治図書出版株式会社
http://www.meijitosho.co.jp
(企画)佐藤智恵・芦川日和 (校正)武藤亜子
〒114-0023　東京都北区滝野川7-46-1
振替00160-5-151318　電話03(5907)6703
ご注文窓口　電話03(5907)6668

＊検印省略　　　組版所　朝日メディアインターナショナル株式会社

Printed in Japan　　　　　ISBN978-4-18-262520-6
もれなくクーポンがもらえる！読者アンケートはこちらから